부산의 환승역
경계를 넘다
사람을 잇다

부산문화재단
사람 · 기술 · 문화
총
10
서

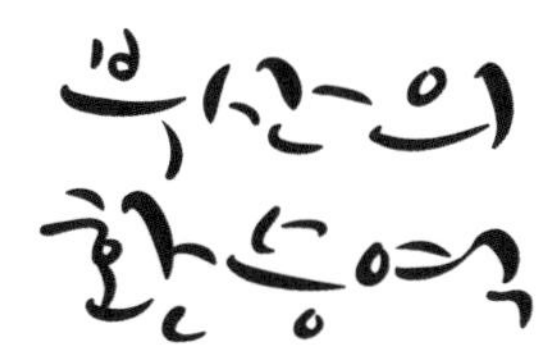
부산의
환승역

경계를 넘다
사람을 잇다

부산문화재단
BUSAN CULTURAL FOUNDATION

목차

부산의
환승역

일러두기

- 이 책의 표기에 관해서는 아래의 원칙을 따랐다.

▶ 작은따옴표 (' ')는 강조

▶ 큰따옴표 (" ")는 직접 대화 혹은 직접 인용 및 강조

▶ 홑낫표 (「 」)는 단행본 수록 작품 및 논문의 제목 혹은 그림이나 노래 등 작품 제목

▶ 겹낫표 (『 』)는 책의 제목

▶ 소괄호 (( ))는 저자나 편집자의 보충 설명 혹은 우리말 표기와 원어 표기 병기

▶ 화살괄호 (〈 〉)는 신문, 잡지 등 정기간행물과 영화, 연극, 방송 등 제목 및 기타 명칭

총론

환승역 시공간의 다층성

이지훈

이지훈 철학·영화 평론가

대중교통을 애용한다.
현대 사상과 동시대 예술이 서로 '환승'하는 모습에 관심이 있으며,
이 공진화의 산물 속에서 미래 사회의 대안을 찾으려 애쓰고 있다.

일반적으로 환승역은 2개 이상의 철도 노선이 연결되는 역으로 그 지점에서 다른 노선으로 바꾸어 갈아탈 수 있는 역을 말한다. 또 넓은 뜻에서는 철도 노선에서 다른 공공 교통수단(가령 '노선버스', '경전철', '광역전철' 등)으로 갈아탈 수 있는 역을 환승역이라 부르기도 한다.

교통의 흐름이라는 관점에서 환승역은 '분리(단절)/연결'의 이중성을 띤다. 대중문화에서 '환승'이 개념적 은유로 사용되는 근거는 여기에 있는 것으로 보인다. TV 프로그램 〈환승연애〉를 예로 들 수 있는데, 이때 환승은 연애 상대를 바꾸어 갈아탄다는 맥락에서 '분리·단절'을 전제하는 한편 다른 것과 '접속연결'한다는 측면에서 인생 동반자나 인생 경로·진로의 교환·대체를 함축한다.

말하자면 대중가요 〈이별의 부산 정거장〉(1954)이 대표하듯, 과거의 기차역, 정거장, 항구, 공항 등이 이별 또는 만남의 양자택일적 일면성을 상징했다면, 오늘날 환승역은 '이별/만남', '분리/연결'의 동시적인 양방향, 양면성을 상징한다. 스포츠 문화에서 응원하는 팀을 바꾸는 것, 또 서브컬처 팬덤 문화에서 좋아하는 아이돌, '최애캐', 지지하는 작품을 갈아탄다는 뜻으로 환승을 사용하는 것도 유사한 맥락으로 보인다.

이처럼 환승이 대중문화에서 개념적 은유로 사용되는 것은 그만큼 환승역이 오늘날 시민들의 일상적인 삶에 깊이 작용하기 때문으로 풀이된다. 먼저 현대 도시에 형성되는 이동과 공간의 의미 변화를 생각해 보는 것이 좋겠다. 이 점에 관해서는 특히 사회학자 존 어리(John Urry)의 연구를 눈여겨볼 필요가 있다. 어리는 이 주제에 관해 선구적이고 대표적인 관점을 마련했고, 이 글에도 많은 참조 지점을 제공했다. 어리에 따르면 현대사회에서 이동은 단순히 물리적인 공간 이동을 넘어, 다층적인 사회적 의미를 구성한다. 결론부터 말하자면, 오늘날 사회적 관계는 이동을 토대로 공간적으로 구성되고, 이 공간적 구조는 사회적 관계의 차이를 가져오는 경향이 있다.

이동과 공간의 의미 변화

과거에 이동은 장소와 장소 사이의 공간적 격리를 극복하려는 물리적 행위로, 이동에 드는 시간은 단순히 '낭비되는 시간'으로 여겨졌다. 그러다 보니 일반 시민들은 말할 것도 없고, 전문 연구자들조차도 이동 행위가 포함하는 다중적인 의미보다 이동의 속도에 주로 관심을 기울였다. 하지만 현대의 이동은 매우 복잡하고 중요한 사회적 의미를 지닌다. 인간의 이동은 그 빈도가 증가했고, 거리가 늘어났고, 목적도 다양화되었다. 또 영역 내 이동을 넘어 탈영역적, 초국가적 이동이 증가했다. 그리고 화물, 금융, 정보, 통신의 이동 또한 탈영역적으로 이뤄지고, 사람들은 이동의 흐름에 맞추어 유동적인 삶을 살아간다.

현대사회에서 이 같은 이동 능력은 생활의 필수요소다. 하지만 이동 능력은 개인, 집단, 지역에 따라 큰 차이를 보인다. 이때 이동 능력이 현저하게 떨어지는 바람에 자신에게 필요한 시설이나 활동에 접근할 수 없는 사람들은 공간적으로 고립될 수 있다. 또 공간적 고립은 어떤 사람들이 정치, 경제, 사회, 문화의 주류에서 배제되는 '사회적 배제'로 이어질 수 있다(Kenyon et al., 2002; 윤신희·노시학, 2015).

한편, 정보 교환을 포함한 이동 능력이 뛰어나며, 이를 통해 사회적 네트워크(social network)를 구성하고 유지하는 사람들은 사회 상위계층으로 진입하는 기회를 얻을 수 있다. 이로써 이동은 개인, 집단, 지역 간의 격차를 만드는 요인이 된다. 말하자면 사회공간적 불균등을 발생시키는 요인이 되는 것이다.

존 어리는 카우프만(Kaufmann et al., 2004)의 '모틸리티(motility) 자본' 개념에서 '네트워크 자본' 개념을 발전시킨다. 모빌리티가 일반적으로 관찰 가능한 이동이라면, 모틸리티는 이동의 잠재력을 포함한다. 모틸리티의 요소에는 신체 특성, 열망, 교통과 통신에 대한 접근 가능성, 시공간 제약, 지식, 면허가 포함된다. 모틸리티 자본은 사람들이 시공간 제약을 벗어날 수 있는 필수요소다(Urry, 2022:76~78; Sheller, 2011).

그런데 브라질 상파울루의 경우, 서민들은 자동차를 이용해 땅 위로 이동하는 반면, 부유한 개인이나 용병은 헬기로 "유유히" 이동한다. 여기서는 수직적 모빌리티와 네트워크 자본의 사회공간적 불균등이 극단적으로 나타난다(Urry, 2022:468). 또 2005년 허리케인 카트리나로 큰 피해를 본 미국 뉴올리언스에서도 '지배 계층'인 백인 중산층과 그 나머지 서민들 사이에 존재하는 네트워크 자본의 불균등 수준에 따라 재앙의 결과가 극단적으로 다르게 나타났다(Urry, 2022:336). 이처럼 이동은 물리적, 공간적 차원을 넘어 다층적인 사회적 의미를 함축한다.

이 관점에서 환승역의 의미를 생각할 수 있다. 환승역은 '지역 간, 직업 간의 이동성(Mobility)'과 '거점지역에 대한 접근 가능성(Accessibility)'을 높이는 기능을 한다. 그럼으로써 환승역은 사회공간적 불균등의 완화에 도움을 줄 수 있다. 그리고 21세기 도시계획 패러다

임의 변화에 따라 환승역의 의미는 더 깊어지고, 다양화하는 것으로 보인다.

사회공간적 불균등의 완화

현대 도시계획은 사회공간적 불균등을 완화하는 방안으로 다핵·다심 구조를 고려한다. 다핵구조는 한 도시 내부에 여러 개의 핵심지역이 존재하는 구조를 말한다. 다핵구조 계획은 도심 과잉 개발이 낳는 '원도심 공동화' 및 '지역 간 격차'라는 문제점을 고려한 것으로 볼 수 있다.

실제 부산의 도시공간 계획은 2010년부터 기존 '1도심, 5부도심, 4지역중심'에서 '2도심, 6부도심, 4지역중심'으로 변경되었다(광복동을 '구도심'으로, 서면을 '신도심'으로 분리해 2개 도심을 설정했다. 부도심은 해운대, 동래, 덕천, 사상, 하단, 강서로 선정했다). 또 2023년에 발표한 계획안에 따르면 부산시는 기존의 '도심/부도심' 체계에서 벗어나 10개 중심(코어)으로 재편된다. 말하자면 '도심/부도심'으로 구성된 위계별 중심지 체계를 기능별로 특화된 10개 코어의 다핵구조로 변경하겠다는 방침이다.

다핵화의 흐름 속에서 여러 개의 중심을 연결하는 환승역의 의미는 특별하며, 그 중요성이 더 커지기 마련이다. '1도심 도시'의 경우 환승역의 역할은 1도심에 관련된 이동성과 접근 가능성을 높이는 기능으로 제한된다. 하지만 다핵도시에는 각 지역 거점 자체의 중요성이 커지면서 환승역의 성격도 변화한다. 이제 환승역은 거점지역을 중심으로 '일상 생활권의 광역성(Regionality)'을 높이고, '지역 커뮤니케이션의 연대성(Solidarity)'을 강화하며, '지역의 거주성(Habitability)'을 높일 수 있다.

간단하게 말해 '일상 생활권의 광역성'이 높아진다는 것은 기존의 도심에 대한 의존성이 낮아진다는 뜻이고, 굳이 특정한 도심을 찾아가지 않아도 해결될 수 있는 일이 많아진다는 뜻이다. 이런 변화는 특히 생활문화 향유나 사적인 만남에서 두드러진다.

이를테면 각각 김해, 양산, 구서동, 해운대에 사는 네 명의 친구는 덕천역에서 함께 만나 즐거운 모임을 할 수 있다. 만약 덕천역이라는 환승역이 없다면 이처럼 쉽게 만나기는 어려울 것이다. 이때 덕천역은 서부산 지역의 한 거점인 한편, 역설적으로 '매우 넓은 구역·범위의 성질', 곧 광역성을 띤다. 이로써 오늘날 환승역에서는 '일상 생활권의 광역성'이 높아지고 기존 도심에 대한 의존이 낮아지면서 '지역 커뮤니케이션의 연대성'과 '지역의 거주성'이 높아질 수 있다.

이처럼 다핵구조에서 환승역들의 중요성이 커지고, 각자가 또 다른 거점이 된다는 말은 환승역의 성격이 거점지역의 성격에 따라 '세분화'된다는 것을 말한다. 환승역마다 개성이 다양하게 나타나는 이유는 여기에 있다고 본다. 또 달리 말하자면 환승역 각각의 개성이 발현될수록 사회공간적 불균등이 완화되는 효과도 커질 것으로 보인다.

‘공공 이동화’(public mobilization)의 풍경

오늘날 환승역의 성격을 두 갈래로 나누어 살펴보려고 한다. 하나는 환승역의 내적 환경이고, 다른 하나는 외적 환경이다. 먼저 환승역의 내적 환경을 살펴보기에 앞서 오늘날 대중교통, 특히 도시철도의 내적 환경을 생각해 보고자 한다. 존 어리는 도시 공간에서 걷기와 철도 시스템이 등장한 19세기를 ‘공공 이동화의 세기’로 본다(Urry, 2022:159~161). 사적 공간과 이동이 공적 공간을 통해 연결되었다는 의미에서다.

대중들의 걷기는 장대한 직선형 포장도로와 건축물이 세워진 근대 도시에서 출현했다. 또 기차는 공공 이동화를 더 확대하며, 서로 모르는 사람들을 집단 이동시켰다. 이에 따라 공적으로 이용되는 ‘사회적 시간’(대표적으로 시계 시간과 시간표)과 ‘미시 공간’(가령 기차역과 객실)이 확대되었다. 철도 시스템이 공적 공간인 이유는 대중이 누구나 함께 이용하는 공간이며, 공적(=공식적) 시간표를 통해 이동하는 공간이기 때문이다.

‘도시철도는 약속 시간을 지켜드립니다’라는 문구는 19세기 철도 시스템이 만든 공적 시간 개념을 계승하는 문구로 볼 수 있다. 다만 이 책의 주제인 환승역에 관해서는 이른바 ‘막장 환승’이냐 ‘개념 환승’이냐에 따라 이동 시간에 꽤 많은 차이가 생길 수 있다. ‘막장 환승’은 어느 환승역의 환승 통로가 매우 길거나 경로가 복잡해 환승에 상당한 시간과 거리가 드는 경우를 말한다(부산의 경우 동래역, 사상역, 벡스코역이 막장 환승으로 손꼽힌다. ‘개념 환승’은 ‘막장 환승’의 반대말이다). 특정 환승역을 자주 이용하는 사람들은 환승 체계에 적응해 '물 흐르듯' 움직인다. 하지만 그 역에 익숙하지 않은 사람들은 예상 시간, 곧 '약속 시간'을 지키지 못할 수 있다.

한편 철도 시스템의 발명이 만들어 낸 집단 이동의 경험을 생각해 보자. 사회학자 게오르크 지멜의 말처럼 낯선 사람들이 같은 공간에 장시간 동안 함께 있고, 서로 마주 보아야 한다는 상황은 그 당시로서는 처음 맞이하는 상황이었을 듯하다(Urry, 2022:182) 이 점에서 기차 여행이 초기부터 독서와 연계되어 있었다는 사실은 매우 흥미롭다. 여기에는 '시선 처리'의 계기와 '시간 활용'의 계기가 있다.

사람을 빤히 쳐다보면 괜한 오해를 살 수 있고, 예의에 어긋날 수 있다. 사회학자 어빙 고프먼의 말처럼 공공장소에 있으면서도 타인을 주시하기를 최소화하는 '시민적 무관심'(civil inattention, 예의 바른 무관심)의 계발이 중요했다. 시민적 무관심은 도시와 대중 속에서 서로에 관한 관심을 최소화하는 사회적 에티켓을 말한다. 기차 여행이 독서와 연계되는 첫 번째 계기는 이것이다. 오늘날 컴퓨터나 이동전화 화면을 이용해 타인과 시선 교환을 차단하는 것은 기차 여행의 에티켓에서 발전한 것으로 보인다.

시간 활용이라는 관점에서 오늘날 도시철도에는 인쇄매체나 전자매체를 이용해 공부나 업무를 수행하는 승객도 있고, 영상 콘텐츠나 게임으로 '여가 활동'을 하는 승객도 있다. 어떤 승객은 도시철도 이동 시간을 '드라마 몰아보기'에 활용하기도 한다. 이 점에서 OTT 서비스(인터넷으로 방송 프로그램·영화·교육을 비롯한 미디어 콘텐츠를 제공하는 서비스)의 보급 확대와 도시철도 이용의 상관관계는 상당히 깊은 것으로 보인다.

하지만 공공 이동 공간에서 매체에 몰입하는 행위는 시각적으로 타인에 대한 무관심을 나타내는 한편 타인의 관심, 간섭을 거부한다는 신호이기도 하다. 그 결과로 도시철도 객실이나 환승역은 타자들 사이의 대화가 사라진 '인간미 없는 공간'이 되어버렸다는 지적을 받기도 한다(이희상, 2016:38).

'사이공간'(interspace)

이런 관점에서 사회심리학자 케네스 거건(Kenneth Gergen, 2002)이 제안한 '부재적 현존'(absent presence) 개념을 떠올릴 수 있다. '부재적 현존'은 사람들이 각종 매체에 몰입하는 동안 주변 사람들을 인지하지 못하거나 무관심하게 되는 상황을 말한다. 이때 물리적으로 현존하는 주변 사람들은 마치 없는(=부재한) 듯 존재한다. 그러나 이 개념은 현재 공공 이동화의 풍경에서 한쪽 단면만 보는 것일 수 있다.

사람들은 이동하는 가운데 컴퓨터, 인터넷, 이동전화, SMS를 이용해 현재 여기에 없는 다른 사람들과 대화하고, 약속을 잡고, 업무를 한다. 오늘날 전자매체는 현재 물리적 공간에 없는 존재들이 마치 지금, 여기에 현존하는 것처럼 실시간 상호작용을 할 수 있게 해준다. 이 역설적인 '부재의 현존', 곧 '(전자매체로) 연결된 현존'(connected presence) 또는 '원격현전'(telepresence)을 유지하며 현대 도시인들은 이동한다.

요컨대 오늘날 공공 이동화 공간은 타자와 소통이 없다는 뜻에서 '공허한' 공간이 아니다. 어떤 면에서 보면 또 다른 만남, 말하자면 '(전자매체로) 연결된 현존'들과 상호작용하는 만남으로 가득 채워진 공간이다. 이 관점에서 공공 이동화와 환승역을 생각해 볼 수 있다. 사람들은 일시적으로 통과하는 공간이나 잠시 머무는 공간에서도 사회적 네트워크, 상호작용, 만남을 유지한다. 존 어리는 이런 공간을 '사이공간'(interspace, 중간공간)으로 부른다. 그것은 "가정, 직장, 사회생활 '사이'의 새로운 공간"이다. 어리는 이 공간의 특성을 다음과 같이 묘사한다.

"서로 다른 '부문' 혹은 '영역'이 이런 장소에서 겹친다. (…) 이렇게 여러 부문이 융합하고 중첩하면서 선형성(linearity)보다는 동시성(simultaneity)이 나타나고, 정체성은 장소에 토대를 두기보다는 오히려 이동 중에 형성되고 유지되는 관계들을 통해 경계적(liminal) '중간공간'에서 생겨난다."(Urry, 2022:295. 번역은 인용자가 일부 바꾸었음.)

현대 도시에는 사이공간이 늘어나고 있다. 사이공간은 가정, 직장, 여가생활, 사회생활의 사이에 있는 이동 경로와 중간 지점(가령 버스 터미널, 기차역, 공항, 휴게소, 카페, 모텔 등)을 포함한다. 언뜻 보기에 사이공간은 사회(또는 사교)의 관점에서 텅 비어있는 공간처럼 보이지만, 실제로는 온·오프라인 만남으로 채워진 공간이다.

이 가운데 오프라인 만남의 사이공간으로 눈여겨볼 곳은 환승역이다. 이제 환승역은 단순히 '이동을 위해 거쳐 지나가야 하는 통과 지점'에서 그치지 않는다. 환승역은 멀리 떨어진 사람들이 열차를 타고 와 '면대면 만남'을 하고 떠날 수 있도록 '만남 공간'과 소비 공간을 제공하기도 한다.

환승역 외부(=역세권)는 말할 것도 없고, 역 구내도 변화했다. 도시철도역 구내의 경우 과거에는 간단한 매점, 상점, 커피숍 정도가 일반적이었지만, 최근에는 철도회사의 수익정책으로 역 구내 점포를 적극적으로 출점하는 추세를 볼 수 있다. 특히 환승역과 연결된 서점이나 빵집에서 부담 없이 사람들을 만나고 시간을 보내는 환승객도 있다. 지금은 서점, 식당, 편의점뿐 아니라 디지털미디어 가게, 액세서리 가게, 게임 공간을 비롯해 공간의 종류가 늘어나고 있다. 서면역처럼 역 자체를 '의류 거리'로 삼는 환승역도 있다.

'비장소'(non-space) vs. '사이공간'

사이공간인 환승역은 인류학자 마르크 오제(Marc Augé, 2017)의 비장소(non-place)와 다르다. '비장소'는 이동하는 사람들 사이에 의미 있는 관계와 만남이 사라진 공간을 말한다. 그것은 고독하고 고립된 공간이며, 사람들의 사회관계와 역사적·지리적 정체성이 사라진 공간이다. 오제는 이동성의 공간을 비장소 개념으로 이해한다. 그는 '장소'와 '비장소'를 선명하게 대조하는데, 장소와 반대로 비장소는 "관계적인 것, 역사인 것, 그리고 정체성과 관련된 것으로 정의될 수 없는 공간이다"(Augé, 2017:97. 번역은 인용자가 일부 고쳤다).

이런 관점의 연장선에서 오제는 이동성이 급증하는 초근대 사회의 특징을 비장소로 설명한다. 비장소들은 "단지 여정의 시간을 허가하면서 서로 간에 구분되고 대등하면서도 별 상관은 없는 개별성의 공존을 허용할 뿐이다”(Augé, 2017:133). 한마디로 말해 비장소는 사람들이 “공존하거나 함께 거주하지만, 함께 살지는 않는 공간이다”(Augé, 1999:110).

앞서 인용한 것처럼 비장소는 역사·지리적 정체성을 상실하고, 사람들 사이의 사회관계도 없는 곳이다. 사람들은 ‘매뉴얼’에 따라 움직이는 것처럼 보이고, 타인들과 물리적으로는 함께 있지만, 사회적으로는 고립해 있다. 그곳은 이동과 자유의 공간이지만, 고립과 고독의 공간이다. 오제는 대표적인 비장소로 공항을 예시한다.

하지만 철학자 알랭 드 보통(Alain de Botton, 2009)이 히스로 공항에서 일주일을 보내고 작성한 보고서를 읽으면, 저자의 정신세계에서 공항이 얼마나 중요한 자리를 차지하는지를 알 수 있다. 그가 ‘낭만적 운명의 징표’라고 믿었던 클로이를 처음 만난 곳도 비행기 안이었다. 그가 볼 때 공항은 여행의 출발점이자 도착점이고, 각 사람의 개성(지위, 불안…)이 드러나는 곳이며, 현대 건축의 정점이고, 일의 기쁨과 슬픔이 녹아 있는 곳이다. 그러니 화성인이 지구에 온다면 꼭 구경시켜 주어야 할 장소로 공항을 꼽는다는 저자의 말은 전혀 빈말이 아니다.

존 어리 또한 공항을 비장소로 규정하는 오제의 주장을 비판한다(Urry, 2022:248~251). 그 관점을 환승역에 적용해 볼 수 있다. 환승역이 ‘장소’로서 개성이 적고, 서로 비슷한 특성을 공유하는 것은 사실이다. 하지만 환승역은 지역마다 분명 차이가 있다(가령 환승객들의 연령대, 외국인의 비율, 관광객의 비율도 다르다). 또 환승역은 단지 사회적 고립과 고독만을 보여주는 곳은 아니다.

다소 극단적인 예를 들자면 알랭 드 보통이 길게 묘사했던 연인들의 모습(de Botton, 2009: 58~65), 말하자면 연인들이 공항에서 즐겁게 만나거나 아쉽게 석별하는 장면은 부산의 환승역에서도 쉽사리 목격할 수 있다. 이런 장면은 확실히 일반적인 버스 정거장이나 도시철도역보다 환승역에서 자주 볼 수 있다. 다만 환승역은 보통 정거장이나 역과 다를 뿐 아니라, 일반적인 공항과도 다르다.

환승역은 단순히 누군가를 떠나보내고, 누군가는 떠나는 곳이 아니다. 이를테면 한 사람은 남고, 다른 한 사람은 떠나는 장소가 아니다. 환승역의 특징은 '만남/이별', '연결/분리(단절)', 이 모든 것이 함께 이루어진다는 데 있다. 환승역에서 누군가를 떠나보내는 사람은 그 자신 또한 떠나는 사람이다. 이 점에서 환승역은 포스트모던적이다. 사회학자 지그문트 바우만(Zygmunt Bauman, 2009)의 표현처럼 '액체적'이라는 점에서다. 모든 것이 함께 움직이고, 유동적이다. 현대사회는, 더는 몇 개의 '고정점'을 중심으로 이해될 수 없다. 현대사회는 이동성과 부동성의 상호 복잡한 관계로 이해할 수 있고, 환승역은 그 관계를 잘 보여주는 장소다.

이처럼 환승역은 다른 장소와 구별되는, 환승역만이 지니는 독특한 물질·기호·사회 시스템을 통해 구성된다. 환승역은 많은 사람이 온·오프라인으로 상호작용하는 이동의 장소, 만남의 장소, 소비의 장소이고, 대도시 도심의 축소판이다. 어떤 면에서는 기존도시의 장소들이 환승역을 닮아 간다는 점을 눈여겨보아야 한다. 현대 도시는 다양한 온·오프라인 이동 시스템을 통해 조직되고 있다. 이러한 경향은 '장소/비장소', '현존/부재'의 경계를 흐린다. 달리 말해 오늘날 '장소/비장소'

의 경계는 과거에 오제가 생각한 것처럼 분명하지 않다는 뜻이다.

문화·예술적 관점과 '삶의 질'

앞서 환승역의 일차적 기능을 '사회공간적 불균등의 완화'라는 관점에서 이야기했다. 거듭 말해 환승역은 '지역 간, 직업 간의 이동성'과 '거점지역에 대한 접근 가능성'을 높인다는 점, 또 21세기 도시계획의 패러다임이 다핵도시를 지향함에 따라 환승역은 거점지역을 중심으로 '일상 생활권의 광역성', '지역 커뮤니케이션의 연대성', 그리고 '지역의 거주성'을 높일 수 있다는 점을 말했다.

이 관점은 기본적으로 21세기 도시 공간에서 환승역의 의미를 지역 주민의 '삶의 질'이라는 시각에서 바라보는 지향성을 담고 있다. 실제 19세기에 철도 시스템이 만들어진 뒤로 철도역은 도시 공간의 재편에 큰 역할을 했다. 19세기 후반 시카고가 급성장한 이유는 시카고역이, 스물일곱 개 철도 노선이 교차하는 환승역이었기 때문이다. 20세기 전반 부산시의 급성장 또한 부산역이 만주까지 내달리는 국제열차의 종착역이면서 부산항과 연결된다는 점, 곧 국제적 환승 지점이라는 사실과 연관이 깊었다.

그런데 최근 국가적으로나 지역적으로나 저출산, 고령화, 저성장과 같은 사회적 변화가 나타나고, 도시 차원에서도 지역 균형발전과 경쟁력 확보를 목표로 하는 지역발전계획을 수립한다. 이런 가운데 교통 측면에서는 '대중교통 중심형 도시개발'(Transit-Oriented Development)을 바탕으로 한 환경친화적 녹색교통이나 지속 가능한 교통 계획과 같은 연구도 함께 이루어진다.

이때 환승역은 무분별한 도시 확장·개발보다 내실 있는 도시 경쟁력 향상, 친환경 교통 인프라 구축, 지속 가능한 녹색성장 정책과 맞물려 있고, 지역경제 활성화와 도시공간의 구조 변화로 이어진다. 오늘날 부산에서 환승역의 의미를 공항이나 항구와 연계되는 '대외적인' 측면과 함께 지역주민의 삶이라는 '대내적인' 측면에서 생각해야 하는 이유는 여기에 있다.

환승역에서 지역주민의 삶을 생각할 때는 사람들의 삶에 배어있는 '공동 기억', '공동 주관성', '공통 감각'을 살펴보는 문화·예술적인 시선이 있어야 한다. 그러려면 무엇보다도 '장소/비장소'의 이분법 속에서 환승역을 단순히 비장소로만 여기는 고정 관념에서 벗어날 필요가 있다. 오늘날 도시 공간에는 순수한 장소도 거의 없고, 순수한 비장소도 거의 없다. 현재 도시 공간은 '장소/비장소'의 도식적 이분법으로 재단하기 어렵다. 차라리 '장소/비장소' 사이의 하이브리드 공간으로 볼 수 있다. 더욱이 정보통신기술은 '사람/사람', '사람/사물'의 커뮤니케이션에 수반된 다중적인 시공간이 복잡하게 얽혀있는 도시 공간을 구성한다.

따라서 오제가 장소에는 부여했지만, 비장소에는 부여하지 않았던 성질, 곧 "관계적인 것, 역사인 것, 그리고 정체성과 관련된 것"을 환승역에서 찾아내고, 환승역에 되찾아 주는 작업이 필요하다. 이 작업은 다양한 시각에서 진행될 수 있을 것이고, 이는 곧 여러 가지 분야의 '공동 작업'을 통해 심화할 것으로 보인다. 이 책에 담긴 다채로운 시각은 부산 지역 환승역에 관한 공동 작업의 첫걸음으로서 의의가 깊다고 생각한다.

참고 문헌

이희상, 2016, 『존 어리, 모빌리티』, 커뮤니케이션북스(주).

윤신희·노시학, 2015, 「새로운 모빌리티스(New Mobilities) 개념에 관한 이론적 고찰」, 국토지리학회지, 49(4): 491-503.

Augé, M.(1992), *Non-lieux, introduction à une anthropologie de la surmodernité*, Éd. du Seuil, 이강길·이윤영 옮김 (2017), 『비장소: 초근대성의 인류학 입문』, 아카넷.

Augé, M.(1999). An anthropology for contemporaneous Worlds. Stanford, CA: Stanford University Press.

Bauman, Z.(2000), *Liquid Modernity*, Polity Press, 이수일 옮김(2009), 『액체근대』, 강.

De Botton, A. (2009), A Week at the Airport : A Heathrow Diary, Profile Books; Main edition, 정영목 옮김 (2009), 『공항에서 일주일을』, 도서출판 청미래.

Gergen, K.J.(2002). The challenge of absent presence. In Katz, J. & Aakhus, M. (Eds), Perpetual contact (pp.227~241). Cambridge: Cambridge University Press.

Kaufmann, V., Bergman, M. M. & Joye. D(2004). Motility: Mobility as capital. International Journal of Urban and Regional Research, 28(4), 745~756.

Kenyon, S., Lyonsa, G. and Rafferty, J. 2002. Transport and social exclusion: investigating the possibility of promoting inclusion through virtual mobility, *Journal of Transport Geography*, 10: 207-219

Sheller, M.(2011). Mobility. Sociopedia.isa. DOI:0.1177/205684601163. http://www.sagepub.net/isa/resources/pdf/mobility.pdf.

Urry, J., 2007, Mobilities, Polity Press, Cambridge. 김태한 옮김 (2022), 『모빌리티』, 도서출판 엘피.

부산역

부산역의 심상지리

이순욱

부산역

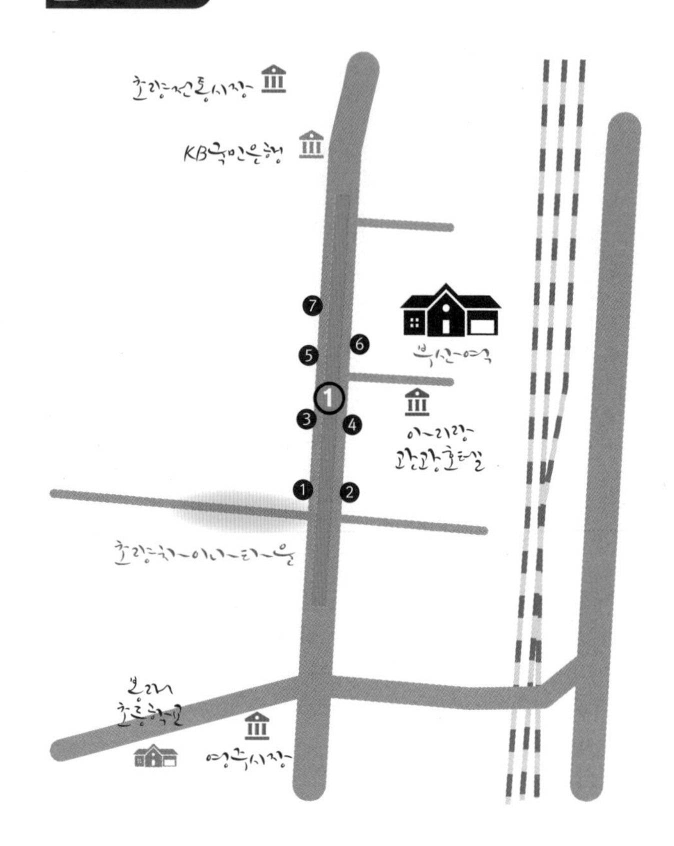

이순욱 교수

부산대학교 국어교육과에서 근대문학을 가르치고 있다.
이즈음 직하아카데미와 문화예술콜로키움 빠삭에서
뜻을 같이하는 동학들과 한국문화사와 지역예술사를 쟁기질하며
웅숭깊은 나날을 보내고 있다.

그대, 오늘은 만날 수 있을까요

가도 가도 끝이 없는

외로운 이 나그네 길

안개 깊은 새벽

나는 떠나간다 이별의 종착역

사람들은 오가는데

그이만은 왜 못 오나

푸른 달빛 아래

나는 눈물 진다 이별의 종착역

작곡가 손석우가 노랫말을 쓰고 곡을 붙인 〈이별의 종착역〉이다. 누구나 품고 있을 법한 철도여행의 낭만과는 다른 자리에서 "종착역"이 품고 있는 이 비탄의 정서를 어찌해야 할까? 만남과 이별은 인간이 고스란히 감당해야 하는 실존적 조건이다. 삶이란 "나그네 길"과 같아서 "가도 가도 끝이 없는" 길이다. 그 길의 끝자락에서 새로운 여정이 시작되는 것이 우리네 인생이다. 삶이란 헤어짐과 그리움, 기다림의 연속이 아니던가. 철로처럼 끝없이 이어진 삶의 여정 속에서 누군가와 만나고 또 헤어지고, 그 길에서 그리움으로 자주자주 헤맨다. 하염없이 기다리던 이를 만나 격정적으로 껴안거나 떠나가는 열차를 뒤따르며 이별의 눈물을 흘리는 기차역의 낯익은 풍경은 어떤가. 사랑과 이별, 슬픔과 기쁨이 소설과 영화, 드라마, 대중가요 들을 통해서 무수히 반복되는 자리가 기차역이다.

장예모 감독의 〈5일의 마중〉(Coming Home, 2014)이라는 영화가 있다. 루옌스는 문화대혁명기 반혁명분자로 몰려 감옥에 갇히고 만다. 아내 펑완위는 5일이 되면 집으로 돌아온다는 남편의 편지를 받고는 매달 5일 어김없이 기차역으로 나선다.

> 루: 펑 선생님, 자주 나가십니까.
>
> 펑: 아니요. 아, 5일에는 기차역에 나가요.
>
> 루: 꼭 가야 하는 건가요?
>
> 펑: 남편이 오거든요. 5일에 온다고 그랬으니까 마중 나가야 해요.

전쟁과 혁명으로 점철된 격변의 20세기는 가족 해체와 난민의 시대다. 애틋한 기다림의 시간을 지나 20년 만에 남편이 귀가하지만, 아내는 남편을 알아보지 못할 만큼 기억상실증이 깊다. '그대, 오늘은 만날 수 있을까요.' 마치 의식(ritual)처럼 남편 이름을 적은 팻말을 들고 기차역으로 마중을 나서는 아내. 남편은 이러한 모습을 지켜보면서도 자신

세월이 흘렀어도 매월 5일 한결같이 기차역으로 남편을 마중 나가는 펑완위와 곁에서 묵묵히 함께하는 루옌스. 〈5일의 마중〉 마지막 장면

을 마중하러 가는 아내의 곁을 묵묵히 지킨다. 곁에 있으면서도 남편은 늘 타인이다. 노인이 되어서도 내내 5일의 마중을 함께하는 그들 부부의 절망과 설렘의 무게가 예사롭지 않다. 기차역이란 단순히 떠난 이가 돌아오는 공간이 아니다. 광기의 시대가 갈라놓은 삶의 비탄을 묵묵히 견디는 곳이자 가족의 비극을 치유하는 장소다.

철도의 탄생과 문명의 경이

철도의 탄생과 확장은 단순히 이동과 활동 범위의 변화만을 촉발하지 않는다. 시간과 공간, 타인과 세계의 사유 방식을 혁명적으로 확장했다. 철도가 우리 삶에 결정적인 영향을 끼치며 특별한 시선으로 각인되기 시작한 것은 언제부터였을까. 철도 부설을 통해 식민지 근대성이 가쁜 숨을 토해내며 근대의 기획과 미래의 상상으로 새로운 심상지리를 획득했던 때는 근대계몽기다. 일본 제국주의의 침략이 본격화되면서 한반도에는 국토 전역을 가로지르는 철도가 부설되기 시작했다. 명분은 조선의 근대화였다. 그러나 일본의 철도 건설에는 한반도를 병참기지로 만들어 만주와 러시아에 이르는 북국의 영토까지 병사와 군수물자를 보급하고 식민지에서 수탈한 양곡과 물자를 운송하려는 제국주의의 욕망이 음울하게 자리하고 있다.

경부선 철도는 1901년 공사를 시작하여 1905년 1월 운행을 시작했

다. 이때 종착역은 초량역이었다.[1]

> 영가대(永嘉臺)의 달구경, 겨를 못하나
> 튱당단(忠壯壇)의 경배(敬拜)야, 엇디 이디리
> 툐량역(草梁驛)을 디나면, 부산항(釜山港)이니
> 이 텰도의 마됴막, 여긔라 하네[2]
>
> 식뎐(食前)부터 밤ㅅ가디, 타고 온 긔챠
> 내 것갓텨 안뎌도, 실상 남의 것
> 어느 ㅅ대나 우리 힘, 굿세게 되야
> 내 팔쑥을 가디고, 구을녀 보나[3]

최남선의 『경부텰도노래』는 경부선 선로를 따라 지역의 역사와 지리, 풍속과 문화를 노래한 전체 67절의 창가집이다. 인용문은 경부선 "철도의 마지막" 초량역 주변의 역사경관을 노래한 56절과 지금은 "남의 것"이지만 "내 팔뚝을 가지고" 철도를 "굴려 보"겠다는 의지를 피력한 66절이다. 국망(國亡)으로 치닫던 1908년에 지은, 이 노래는 단순히 계몽의 기획으로만 볼 수 없다. 역사(驛舍) 주변 공간을 기록함으로써 지역의 심상지리를 내면화하고 민족 정체성을 확립하려는 뜻을

---

1) 부산역은 1910년 역사(驛舍)를 중앙동으로 옮겼으며, 1953년 11월 화재로 소실되어 부산역, 초량역, 부산진역을 폐합하여 부산진역으로 임시 이전했다. 1969년 6월 지금의 자리에 역사를 신축하여 오늘에 이르고 있다.

2) 최남선, 『경부텰도노래』, 신문관, 1908, 28쪽.

3) 위의 책, 33쪽.

내장하고 있다. 이러한 의도는 지역의 식민화에 대한 기록을 통해 한층 강화된다. 부산항의 위상과 규모를 노래한 57절과 58절에 이어 부산의 풍경을 노래한 59절이 대표적이다. "일본(日本) 사람 거류민(居留民), 이만인(二萬人)이니/ 얼는 보면 일본(日本)과, 다름이 업고/ 됴고만한 동선(從船)도, 일인이 부려/ 우리나라 사람은, 얼는 못하네" 일본과 다를 바 없는 개항장 도시 부산, "됴고만한 동선(從船)", 즉 작은 배까지도 일본 사람이 점유한 식민도시 부산의 실상을 목도한 셈이다. 이를 통해 관부연락선에서 내려 경부선으로 환승하여 조선을 거쳐 대륙으로 진군하는 일본 제국주의의 폭력성을 상상하기란 어렵지 않다.

식민지시대 기차가 실어날랐던 것은 무엇이었을까. 기차는 이제껏 경험하지 못했던 속도로 질주하면서 문명의 위력을 여실히 드러내는 근대의 표상이었다. 조선인들은 철도를 새롭고도 찬란한 근대를 약속하는 상징물로 여겼다. 다른 한편으로는 "식거먼 연기와 불을 배트며/ 소리지르며 달어나는/ 괴상하고 거-창한 파충류동물"[4]로 인식하기도 했다. 파충류처럼 길고 괴상한 형체의 철도를 인간 삶의 터전과 역사를 짓밟는 무도한 파괴적 존재로 인식했던 것이다. 철도로 표상되는 근대와 문명에 대한 두려움을 내면화한 결과다. 이처럼 철도는 두려움의 대상이자 제국주의의 질주를 가속화한 침략과 지배 수단이었다.

그런데도, 철도는 "가서 힘을 얻어 오라고, 지식을 얻어 오라고, 문명을 얻어 오라고… 그리해서 새로운 문명 위에 튼튼한 생활의 기초를

4) 정지용, 「爬虫類動物」, 『학조』 1호, 1926, 91쪽.

세워달라고"[5] 열망하는 근대 계몽의식과 문명관을 웅변하는 수단으로 의미화되기도 했다. 조선을 향해 칙칙폭폭 새로운 근대 지(知)를 실어 나르며 근대에 대한 기대를 일상화하는 문명-기계가 바로 기차였던 셈이다.

청춘의 복받침을
나의 시야에 던진 채
미래에의 외접선을 눈부시게 그으며
배경은 핑크빛 향기로운 대화
깨진 유리창 밖 황폐한 도시의 잡음을 차고
율동하는 풍경으로
활주하는 열차

가난한 사람들의 슬픈 관습과
봉건의 터널 특권의 장막을 뚫고
핏비린 언덕 넘어 곧
광선의 진로를 따른다

— 박인환, 「열차」 가운데서[6]

해방기에 쓴 모더니스트 박인환의 시에서 열차는 전근대 세계의 헤

5) 이광수, 『무정』, 문학과지성사, 2005, 463쪽.

6) 김경린 외, 『새로운 도시와 시민들의 합창』, 도시문화사, 1949, 55-56쪽.

어날 길 없는 가난과 봉건적 질서 체계를 극복하고 "미래에의 외접선(外接線)을 눈부시게 그으며" 광선(光線)의 진로(進路)로 활주하는 존재다. 물론 새로움을 지향하는 모더니스트적 의식체계의 은유로 이해할 수 있다. 그러나 봉건적 구습의 철폐와 새로운 세계로의 이행이라는 점에서 열차의 의미망은 근대 초기 지식인들의 열망과 그리 멀지 않다. 근대에 대한 열망이란 결국 횡단(橫斷)과 월경(越境)을 통한 세계와의 접촉을 통해 가능한 것이다.

철도, 근대의 횡단과 월경의 욕망

서울과 부산을 잇는 경부선은 식민지 조선인들이 바다를 건너 세계와 접촉하기 위한 경로였다. 경부선 열차를 타고 부산으로 향하는 길은 식민지 조선의 피폐성을 확인하고, 이와 대비되는 근대성의 환상에 참여하게 되는 일종의 통과의례(initiation) 절차라 해도 과언이 아니다. 특히 서구 사상에서 모빌리티를 근대성, 진보성, 특권적 백인 남성성과 결부시키고 부동성, 정체, 정주성을 후진적이고 원시적인 속성으로 인식했다는 점을 고려한다면,[7] 철도를 통한 이동의 가능성, 나아가 부산역과 부산항을 거쳐 세계로 나아가는 횡단의 여정은 분명 근대인으로서의 정체성을 부여받는 중요한 의례(ritual)다.

7) 미미 셸러, 최영석 옮김, 『모빌리티 정의』, 앨피, 2019, 117쪽.

1910년대 부산역 전경 ©부경근대사료연구소

“후상, 후상, 후상 오이데마셍까?” 하고 외는 소리가 장마 속 논가에 맹꽁이 끓듯 하니, 이때는 하오 십 시 십오 분 부산 급행차 떠나는 때라. 인력거에서 급히 내려 동경까지 가는 연락차표를 사가지고 이등 열차로 오르니 호각 소리가 ‘호르륵’ 나며 기관차에서 ‘파 푸 파 푸’ 하고 남대문이 점점 멀어지니, 앞길에 운산은 창창하고 차 뒤에 연하는 막막하더라.

그 빠른 차가 밤새도록 가다가 그 이튿날 아침에 부산에 도착하니, 안방에서 대문 밖도 자세히 모르고 지내던 정임이는 처음 이렇게 멀리 온 터이라. 집에 있을 때에 동경을 가자면 남문역에서 연락차표를 사가지고 부산 가서 연락선 타고 하관까지 가고, 하관서 동경 가는 차를 다시 타고 신교역에서 내린다는 말을 듣기는 들었지마는, 남문역에서 부산까지는 왔으나 연락선 정박한 부두 가는 길을 알지 못하여 정거장 머리에

서 주저주저하다가.[8)]

최찬식의 신소설 「추월색」은 이시종의 딸 이정임과 김승지의 아들 김영창의 사랑, 곧 이별과 재회의 과정이 중심 서사다. 정임과 영창은 어린 시절 정혼한 사이지만, 민란으로 김승지 일가의 행방이 묘연하여 그들의 혼사는 이루어질 수 없었다. 정임의 부모는 그녀를 다른 이와 혼인시키려 하였으나, 정임은 영창과의 약속을 어길 수 없었다. 이에 가출을 감행하여 일본 유학길에 오르게 된다. 남대문에서 경부선 열차에 올라 부산으로, 관부연락선을 타고 하관을 거쳐 동경으로 향한다.

정임은 전근대적 정혼 제도와 도덕적 질서에 얽매여 있다. 하지만 일본 유학을 결심하게 되는 것은 바로 서구, 곧 전근대와 전통의 탈피와 단절을 향한 의지에서 비롯한다. "시집이란 것이 다 무엇 말라죽은 것이야! 서양 사람은 색시 부인도 많다더라."[9)]라는 진술에서 새로운 질서로서의 서양에 대한 강한 충동을 엿볼 수 있다. 정임은 정혼의 약속을 어길 것인가, 부모의 뜻을 거스를 것인가 하는 고뇌 속에서 윤리 지평을 새롭게 구축하고자 한다. 바로 서양의 윤리와 질서를 체화하는 것이다. "기관차에서 '파 푸 파 푸' 하고 남대문이 점점 멀어지는 것"은 전통적 질서로부터의 이탈이다. 이는 문명의 속도성과 근대적 경이의 표상인 열차를 통해 가능하다.

근대계몽기 부산이라는 공간은 피식민지와 식민지 본국을 잇는 통

8) 최찬식, 「추월색」, 권영민 엮음, 『추월색』, 문학과지성사, 2007, 191쪽.
9) 위의 책, 190쪽.

1920년대 부산역과 주변 풍경 ⓒ부경근대사료연구소

로였다. 1905년 9월부터 시모노세키와 부산을 오가는 관부연락선이 운행되었다. 1905년은 경부선이 운행을 시작한 해다. 관부연락선은 식민지 국토를 무참히 가로질러 대륙으로 나아가고자 했던 제국주의적 욕망의 연장선이라는 점에서 해상철도라 해도 과언이 아니다. 부산역은 관부연락선과 경부선을 연결하는 환승역이었으며, 일본과 조선을 잇던 근대문명의 결절지였다. 관부연락선을 타고 일본으로 가기 위해 숱한 사람들이 부산으로 모여들었다. 일본으로부터 온 사람들은 부산을 거쳐 전국 각지로 흩어졌다. 부산은 엄청난 인파가 집결하고 이동하는 장소였다.

1924년 『시대일보』에 연재한 염상섭의 「만세전」은 아내가 위독하다는 소식을 듣고 일본 도쿄에서 시모노세키, 부산을 거쳐 서울로 향하는 이인화의 여정을 그리고 있다. 관부연락선을 타고 부산에 도착한 이인화는 다시 부산역에서 경부선 열차에 환승하여 집으로 향한다. 일본에서 돌아온 이인화의 눈에 비친 부산의 풍경은 어떠했을까.

> 부산이라 하면 조선의 항구로는 제일류요, 조선의 중요한 첫 문호라는 것은 소학교에 한 달만 다녀도 알 것이다. 사실 부산은 조선의 유일한 대표이다. 조선을 축사(縮寫)한 것, 조선을 상징한 것은 과연 부산이다. 외국의 유람객이 조선을 보고자 하면, 우선 부산에만 끌고 가서 구경을 시켜 주면 그만일 것이다. 거룩한 부산! 조선을 짊어진 부산! 부산의 팔자가 조선의 팔자요, 조선의 팔자가 곧 부산의 팔자였다. (중략)
>
> 부두를 뒤에 두고 서편으로 꼽들어서 전찻길 난 데로만 큰길로 걸어갔으나, 좌우편에 모두 이층집이 쭉 늘어섰을 뿐이요, 조선집 같은 것이라고는 하나도 눈에 띄는 것이 없다.[10]

최대의 개항장 도시 부산은 "조선의 중요한 첫 문호"이며, 조선의 축사(縮寫)이자 상징이다. 이인화는 부산을 조선의 미래를 짊어진 거룩한 도시로 인식한다. 다만 그뿐이다. 부산의 현실은 이인화의 인식과는 거리가 멀다. 그가 걸으며 목도한 부산은 "좌우편에 모두 이층집이 쭉 늘어섰을 뿐이요, 조선집 같은 것이라고는 하나도 눈에 띄는 것이 없"는 공간이다. 식민화의 결과로 이미 일본인들의 도시로 변해 있었다. 여기에서 '조선적인 것'의 쇠락을 강화하고 '일본적인 것'을 확산하는 데 짙게 드리운 조선철도의 운명을 감지하기란 어렵지 않다. 그만큼 철

10) 염상섭, 「만세전」, 서경석 엮음, 『두 파산』, 현대문학, 2010, 79쪽.

도는 식민과 제국의 모순을 구현한 제도적 폭력의 상징[11]인 셈이다.

그렇다면 부산이 곧 조선이란 인식은 어떤 의미를 지니고 있을까. 조선적인 것이 모두 사라진 부산 말이다. 부산은 일본과 가장 밀접하게 닿아 있으며, 사람과 물자들이 부단히 들고나는 곳이다. 그렇기에 부산역 주변은 변화를 가장 빠르게 수용할 수밖에 없다. 이인화가 거닐었던 부산역 인근의 공간은 변변한 조선음식조차 파는 곳 하나 없는, 달리 말해 조선의 역사와 문화, 정체성이 가장 빠르게 제거된 수난의 공간이었다. '조선은 묘지다'라는 이인화의 두려움과 환멸은 식민지 조선철도의 운명과 맞닿아 있는 것이다. 그만큼 철도는 근대적 계몽의 기획을 압도하는 식민성의 도구로 기능했던 셈이다.

이병주의 소설 『관부연락선』에서는 "관부연락선을 타고 한국으로

1930년대 부산역 전경 ⓒ부경근대사료연구소

11) 박천홍, 『매혹의 질주, 근대의 횡단』, 산처럼, 2003, 54쪽.

건너가는 일본 사람들은 지배하기 위해서, 군림하기 위해서였고 관부연락선을 타고 일본으로 건너오는 사람들은 그 잘난 생명을 이을 호구지책으로 노예가 되기 위해서였다."[12]라고 말한다. 이동과 횡단을 위해 관부연락선과 경부선이 만나는 부산으로 모여든 무수한 인파들 사이에서도 분명한 위계와 차별이 존재했다. 이것이야말로 대륙으로 향하는 식민지 관문 도시 부산의 비애가 아니고 무엇이랴.

> 시모노세키의 경우와 부산의 경우는 다르다. 시모노세키의 부두엔 오가는 사람의 기분과 감정이 자연스럽게 교류하는 분위기가 있다. 그런데 부산의 부두는 항상 체증을 일으키고 있는 것 같은 느낌이 남는다. 그렇게 되는 이유의 하나는 부두의 한구석에 도항증 검사소가 있어서 그곳을 일반 반도인의 승객들은 학생과 특수인을 제외하곤 꼭 거쳐야 하는 데 있다.
>
> 비좁은 장소에 앞을 다투는 사람들이 한꺼번에 수백 명씩 들이닥친다. 몇 개 안 되는 창구에다 고함고함 도항증을 들이밀고 검인과 더불어 승선권을 받아야 한다. 이 승선권이 없으면 기차표와 선표가 있어도 배를 타지 못한다.[13]

시모노세키 부두가 자연스럽고 활기찬 공간이라면, 부산 부두는 "항상 체증을 일으키고 있는 것" 같은 느낌이 든다. 사람들의 자연스러

12) 이병주, 『관부연락선 1』, 한길사, 2006, 146쪽.

13) 이병주, 『관부연락선 2』, 한길사, 2006, 10쪽.

운 이동을 막고 있는 곳은 부두 한구석에 자리한 도항증 검사소다. 도항증 검사소는 조선인이라면 반드시 거쳐야만 하는 장소로, 이동의 합법성 여부를 판정하고 승인한다. 이동을 규율하는 통치 권력은 이동의 유동적 흐름을 저지하고 이동의 자유를 박탈한다. 미미 셸러는 역사학자 앤 로라 스톨러의 주장을 원용하여 식민주의를 모빌리티 통제 체제로 이해한다. 식민지 도시 또는 국가는 고정된 특정한 장소가 아닌, "내부에서 외부로, 본국에서 식민지로, 지역에서 세계로, 몸의 내부에서 저 먼 제국으로까지 확대되는 모빌리티의 관리 원칙(principle of managed mobilities)이라는 것"이다.[14] 그렇다면 식민지시대 부산역과 부산항은 일제의 삼엄하고 엄혹한 감시와 통제를 수반하는 모빌리티 관리 원칙이 가장 가시적으로 드러난 공간이라 할 수 있다. 이병주가 부산에 대한 감각을 '체증'에 빗대었던 것은 식민주의적 모빌리티 관리 원칙이 초래하는 숨 막히는 압박감의 산물이라 하겠다.

> "봉천행 열차라!"
>
> E는 처음으로 이국정서 같은 것을 느낀 모양이었다.
>
> 그래 내가,
>
> "그렇지, 여기가 바로 대일본제국의 대륙에 이르는 관문이 아닌가."
>
> (중략)
>
> "어디 봉천뿐인가. 여기서 시작해서 하얼빈으로도 가고 치타로도 가고 페테르부르크에도 가고 바르샤바에도 가고 그리곤 베를린으로 해서

14) 미미 셸러, 앞의 책, 118쪽.

파리까지라도 갈 수 있지."[15]

부산에서 시작된 열차는 황해도 봉천뿐 아니라 중국 하얼빈, 러시아 치타와 페테르부르크, 폴란드 바르샤바와 독일 베를린, 그리고 프랑스 파리까지 연결했다. 아시아 대륙을 넘어 유럽으로까지 뻗어나가는 원대한 철도의 환상은 세계 인식을 바꿔 놓기에 충분했다. 이제 국가는 외따로 떨어져 있는 개별성에 머물지 않고 서로 연결되어 횡단 가능한 대상으로 인식되었다. 그만큼 철도는 제국에 대한 환상을 가장 강력하게 촉발하는 상징물이었다.

너른 바다 위엔 새 한 마리 없고,

검은 하늘이 바다를 덮었다.

(중략)

낙동강가 구포벌 위 갈꽃 나부끼고,

깊은 밤 정거장 등잔이 껌벅인다.

어머니도 있고, 아버지도 있고, 누이도 있고, 아이들도 있고,

건넛마을 불들도 반짝이고, 느티나무도 거멓고, 앞내도 환하고,

벌레들도 울고, 사람들도 울고,

기어코 오늘밤 또 이민 열차가 떠나나 보다.

15) 이병주, 『관부연락선 2』, 한길사, 2006, 10-11쪽.

그리운 이야! 기약한 여름도 지나갔다.

밤바람이 서리보다도 얼굴에 차,

벌써 한 해 넘어 외방 볕 아래 옷깃은 찌들었다.

굶는가, 앓는가, 무사한가?

죽었는가 살았는가도 알 수 없는

청년의 길은 참말 가혹하다.

— 임화, 「밤 갑판 위」 가운데서[16)]

시인 임화는 시집 『현해탄』(동광당서점, 1938)을 낼 만큼 조선과 일본을 잇는 대한해협과 관련한 작품을 많이 남겼다. 인용시는 늦은 밤 일본으로 가는 배 위에서 부산의 풍경을 바라보며 떠오르는 상념들을 담았다. 갑판 위에서 화자는 낙동강가 구포벌에 넓게 퍼진 갈꽃의 거대한 나부낌과 정거장 등잔의 껌벅임을 본다. 쓸쓸하고 고요한 풍경 너머로 고향의 기억을 떠올리고, 벌레 울음소리와 사람들의 울음소리를 듣는다. 그리고 다시 갑판 위에서 멀리 부산역 기차들이 움직이는 분주한 모습을 바라본다. 이어서 화자는 "기어코 오늘 밤 또 이민 열차가 떠나나 보다"라고 안타까운 심사를 드러낸다. 이 문장에서 두드러지는 것은 부사 "기어코"와 "또"의 활용이다. 고향을 뒤로하고 떠나야만 하는 뿌리 뽑힌 자들의 어찌할 수 없는 무력함이 "기어코"라는 부사에 집약되며, "또"는 이러한 비극적 현실이 끊이지 않고 거듭되고 있음을 강조

16) 임화, 『현해탄』, 동광당서점, 1938, 147-150쪽.

한다. 자신이 뿌리박은 삶터를 박탈당하고 "굶는가, 앓는가, 무사한가"도 알 수 없이 어딘가로 내몰릴 수밖에 없었던 무력한 식민지 민중들이 모여들었던 곳이 바로 부산이었다. 이민열차에 오르기 위해 부산역에 모인 사람들의 삶은 "참말 가혹하다"라는 탄식 외에 어떤 말로 설명할 수 있었을까.

종착역의 서정, 부산행 피란열차와 서울행 십이열차

문학과 대중문화에서 부산역에 대한 경험을 가장 뚜렷하게 재현한 시기는 한국전쟁기다. 한국전쟁이라는 동족상잔의 비극은 수많은 피란민을 낳았다. 이들은 전쟁을 피해 전국 각지에서 피란수도 부산으로

1952년 무렵 부산역과 부산세관, 부산항 제1부두 ©부경근대사료연구소

몰려들었다. 김동리의 단편소설 「밀다원시대」는 한국전쟁기 피란열차의 종착역 부산에 대한 인식을 잘 보여주는 작품이다.

부산진에 들어서면서부터 기차는 바다에 떨어지지 않기 위하여 속력을 늦추었다. 초량역에서 본역(本驛)까지는 거의 한 걸음 한 걸음을 유예하듯 쉬엄쉬엄 늑장을 부렸다.

이중구(李重九)는 팔목시계를 보았다. 여섯 시 이십 분, 어저께 세 시 십오 분 전에 탔으니까 꼭 스물일곱 시간 하고 삼십오 분이 걸린 셈이다. 스물일곱 시간 하고 삼십오 분, 그렇다. 그동안 중구의 머리속은 줄곧 어떤 '땅끝'이라는 상념으로만 차 있은 듯했다. '끝의 끝', '막다른 끝', 거기서는 한 걸음도 더 나갈 수 없는, 한 걸음만 더 내디디면 바다에 빠지거나 '허무의 공간'으로 떨어지고 마는 그러한 '최후의 점(點)' 같은 것에 중구의 의식은 완전히 사로잡혀 있은 듯했다. 그것은 승객의 거의 전부가 종착역(終着驛)인 부산을 목적하고 간다는 사실 때문만은 아니었다. 부산이 이 선로의 종점인 동시, 바다와 맞닿은 육지의 끝이라는 지리적인 이유 때문만도 아니었다. 또 그 열차가 자유의 수도, 서울을 출발지로 하고, 항도 부산을 도착점으로 하는 마지막 열차라는 이유 때문만도 아니었다. 이러한 이유를 합친 그 위에 또 다른 이유가, 무언지 더 근본적이며 더 절실한 이유가 있는 듯했다.[17]

열차가 바다로 미끄러지지 않기 위해 부산진에서부터 속도를 늦추

17) 김동리, 「蜜茶苑時代」, 『현대문학』 1955년 4월호, 94-95쪽.

었다는 서술은 여러모로 흥미롭다. 어쩌면 열차가 조심스러운 운행을 할 수밖에 없었던 것은, 수용할 수 있는 인원보다 훨씬 많은 수의 인원이 열차를 메우고 있었기 때문일지도 모른다. 전쟁의 포화를 피해 가쁜 숨을 토하며 달려온 기차가 끝내 가닿는 곳이 바다로 미끄러질 수 있을 만큼 바다와 인접한 땅끝이라는 사실은 주인공 이중구가 부산을 바라보는 방식과 크게 다르지 않다. "끝의 끝, 막다른 끝, 거기서는 한 걸음도 더 나갈 수 없는, 한 걸음만 더 내디디면, '허무의 공간'으로 떨어지고 마는" 곳이라는 인식이 바로 그것이다. 부산은 더는 물러설 곳이 없는 장소를 뜻했다. 그곳으로 몰려든 사람들 역시 더는 물러설 곳 없는 사람들이었다. 한무숙은 단편소설 「파편」에서 한국전쟁기 부산역을 "창고로 가는 도중에 있는 역 구내 부서진 화차 속에서 사는 전재민들이 바깥에 나와 빈터에 쌓아 놓은 녹슨 헌 레일 위에 앉아 이를 잡고 있는 것이 보였다."[18]라 묘사하지 않았던가. 부산역에 모인 피란민들의 피란살이는 비극 그 자체였다. 한국전쟁기 부산은 바다에 빠질 것만 같은 위태로운 곳, 최후의 막다른 곳, 그래서 더는 물러설 수 없는 공간이라는 인식이 지배적이었다.

대중가요 또한 오랜 기간에 걸쳐 부산역을 노랫말의 제재로 삼았다. 대중가요가 주로 사랑과 이별의 정한을 다루는 까닭에 만남과 헤어짐의 장소가 되는 역이나 항구는 공간적 소재의 원천이다. 특히 부산역은 철도와 항구가 만나는 곳으로, 대중가요에서는 곧잘 이별을 상징하는 공간으로 묘사되어 왔다. 식민지시대부터 부산역을 다룬 곡들로는 울

18) 한무숙, 「파편」, 『대열 속에서(외)』, 을유문화사, 1992, 54-55쪽.

금향(남일연) 〈눈물의 경부선〉(1937), 남인수 〈이별의 부산 정거장〉(1954), 정향 〈원한의 북행열차〉(1958), 방운아 〈부산역 이별〉 (1959), 장고 〈부산역 이별〉(1969), 김수동 〈비 오는 부산역〉(1970), 안세건 〈밤 깊은 부산역〉(1971) 들이 있다.[19)]

① 보슬비가 소리도 없이 이별 슬픈 부산 정거장. 잘 가세요 잘 있어요 눈물의 기적이 운다. 한 많은 피난살이 설움도 많아. 그래도 잊지 못할 판잣집이여. 경상도 사투리의 아가씨가 슬피 우네. 이별의 부산 정거장.

서울 가는 십이열차에 기대앉은 젊은 나그네. 시름없이 내다보는 창밖의 등불이 존다. 쓰라린 피난살이 지나고 보니 그래도 끊지 못할 순정 때문에 기적도 목이 메어 소리 높이 우는구나. 이별의 부산 정거장

– 〈이별의 부산 정거장〉(호동아 작사-박시춘 작곡-남인수 노래) 가운데서

② 잘 있으란 그 말 대신 힘차게 잡는 손. 겉으로 웃으면서 속으로 우는 벙어리 냉가슴이 차라리 되마. 잘 있거라. 마지막 잘 있거라. 마지막 그대 행복을 빌고 떠난다. (중략)

네온 속에 물들이는 새파란 빗줄기 추억을 안고 가란 선물이더냐. 싸늘히 미련 없이 떠나란 말로 부산항구 종착역 부산항구 종착역. 님을 두고서 나는 떠난다.

– 〈부산역 이별〉(고명기 작사-박시춘 작곡-방운아 노래) 가운데서

19) 김종욱, 『부산의 대중음악』, 호밀밭, 2015, 112-114쪽.

③ 부산역 프랫트홈 기적이 운다. 웃으며 보내다오 부산 처녀야. 서울에 취직하러 떠나기는 한다만 마음만 두고 간다 부산역 이별

달 뜨는 영도다리 물새가 울면 날 잊지 말아다오 부산 처녀야. 삼등표 손에 들고 떠나기는 한다만 성공하여 돌아오마 부산역 고향

– 〈부산역 이별〉(반야월 작사-김성근 작곡-장고 노래) 가운데서

남인수가 부른 〈이별의 부산 정거장〉은 피란살이를 끝내고 다시 서울로 돌아가는 이의 심정을 노래한다. 피란살이 동안 지냈던 판잣집과 경상도 사투리를 쓰는 아가씨, 그곳에 깃든 순정이 떠올라 북받치는 감정을 주체할 수 없다. 같은 제목의 ②와 ③ 역시 사랑하는 이를 두고 떠나가는 남성의 모습을 그린다. 방운아의 노래는 임에게 영원한 이별을 고하며 마지막 인사를 하는 남성 화자의 목소리를 담고 있다. "벙어리

1970년대 부산역 전경 ©부경근대사료연구소

냉가슴"이 되어 "싸늘히 미련 없이" 떠나고자 하는 이의 안타까움이 애절하다. 한편, 장고가 노래한 〈부산역 이별〉은 서울에 취직하기 위해 고향 부산을 떠나는 남성의 이야기다. 남겨두고 가는 부산 처녀에게 자신을 잊지 말 것을, 훗날 성공하여 다시 돌아올 것을 기약한다. 이별의 내력은 다양하지만, 부산역은 늘 떠나가는 이와 남은 이의 눈물이 가득한 공간이었음을 알 수 있다.

부산역, 유라시아를 상상하다

부산역은 어느 누구의 공간도 아니면서 동시에 모두의 공간이기도 하다. 그렇기에 오갈 곳 없는 자들, 뿌리 뽑힌 자들, 삶의 기반을 상실한 자들, 떠돌이들은 늘 부산역으로 모여든다. 그곳에서는 모두가 부유하며 사방으로 떠다니는 까닭이다.

세상은 그에게 가죽구두 한 켤레를 선물했네
맨발로 세상을 떠돌아다닌 그에게
검은 가죽구두 한 켤레를 선물했네

부산역 광장 앞
낮술에 취해
술병처럼 쓰러져
잠이 든 사내

맨발이 캉가루 구두약을 칠한 듯 반들거리고 있네
세상의 온갖 흙먼지와 기름때를 입혀 광을 내고 있네

벗겨지지 않는 구두,
그 누구도
벗겨갈 수 없는
맞춤구두 한 켤레
죽음만이 벗겨줄 수 있네
죽음까지 껴 신고 가야 한다네

– 손택수, 「살가죽구두」 전문[20)]

1990년대 부산역 전경 ©부경근대사료연구소

20) 손택수, 『목련 전차』, 창비, 2006, 44-45쪽.

손택수 시에서 포착한 존재는 부산역 광장 앞에서 낮술에 취해 잠든 남성이다. 신발이라곤 없다. 오직 검게 물든 맨발만이 세상을 딛고 서는 방편이다. 발을 보호해 줄 신발이 없다는 것은 오직 자신의 맨살과 맨몸으로 세상과 만나야 한다는 것을 뜻한다. 그는 가진 것 없이 오로지 맨몸으로 "세상의 온갖 흙먼지와 기름때"와 고투해 왔으며, 세상과의 싸움에서 무수한 생채기를 입었을 맨발은 "그 누구도/ 벗겨갈 수 없는/ 맞춤구두"다. 부산역의 너른 광장은 이러한 뿌리 뽑힌 자들을 품는 공간이다. 그는 그곳에서 정주하지 않고 부단히 움직이는 존재들과 뒤섞이며 상처 입은 삶을 스스로 위로한다.

이제껏 부산역이라는 공간은 사람은 물론이고 문물과 사유, 언어, 삶의 방식이 끊임없이 드나들고 이동하며 횡단하는 관문으로 의미화되었다. 부산항과 인접했던 까닭에 근대문명이 부산역을 통해 동심원을 그리며 곳곳으로 퍼져나갔다. 새로운 것들은 죄 부산항과 부산역을 거칠 수밖에 없었다. 근대지식의 습득을 통해 새로운 세계를 사유했던 근대 초기의 지식인들 역시 부산역과 부산항을 통과함으로써 비로소 근대와 조우할 수 있었다. 물론 식민지시대를 거치는 내내 부산역은 일본 제국주의의 욕망이 가장 섬뜩하게 발산되는 공간이었으며, 식민지 조선인들에 대한 수탈과 착취가 노골화된 공간이기도 했다. 조선인들은 부산역과 부산항을 거쳐 식민지 본국인 일본이나 세계 각지로 강제로 흩어졌으며, 가난에 짓눌리다 못해 새로운 삶의 터전을 찾아 고향을 떠나가는 이들 역시 적지 않았다. 그렇기에 "플랫트 홈 그늘 속에 소리소리 웁니다"(울금향, 〈눈물의 경부선〉, 1937)라는 이별의 통곡이, 일상화된 공간이 바로 부산역이었다. 해방 직후 귀환민들이 부산항과 부산역으

부산역 전경(2022.2) ©부경근대사료연구소

로 대거 유입되었으며, 한국전쟁기 피란열차에 몸을 부대끼며 마침내 도착한 곳 또한 부산역이 아니었던가. 이처럼 부산역은 우리 근현대사의 격랑 속에서도 숱한 내력을 품고 있는 공간이다.

이즈음도 마찬가지다. 부산역은 바깥의 이질적인 것들이 유입되는 통로이자 내부의 것들이 더 넓은 세상과 대면하는 관문이라는 이미지와 함께 광장으로서의 상징성을 지닌다. 광장이란 모든 이들에게 열린 곳을 뜻한다. 광장에서는 삶의 다양한 양태들은 물론이고 다채로운 목소리들이 자유롭게 울려 퍼진다. 2019년 개관한 부산역 광장의 부산유라시아플랫폼(BE PLATFORM)은 관문이자 광장으로서 부산역의 위상을 오롯이 드러낸다. 이 명칭은 부산역이 유라시아로 향하는 철도의 출발이라는 의미를 품고 있다. 철도를 통해 더 넓은 세계, 더 광대한 미래와 만나고자 하는 부산역의 상상을 담지하고 있는 것이다. 이곳은 누구에게나 열린 공간이며, 세미나와 전시, 버스킹을 비롯한 다양한 행사들을 자유롭게 개최할 수 있다. 이러한 자유로움 속에서 새로운 미래에 대한 꿈을 예비할 수 있지 않겠는가. 오랜 세월 부산역 광장 옆을 묵묵하게 지켰던 새마당예식장의 풍경이 새삼스럽다. 주말이면 부산역 광장은 예식장을 찾는 사람들로 북적대던 공간이었다. 그곳에서 숱한 젊은이들이 화창하고 밝은 미래를 꿈꾸었다. 부산역이란 늘 활짝 열린 '새마당'과 같은 공간이 아니었을까.

서면역

부산의 트렌드 세터

김종희

서면역

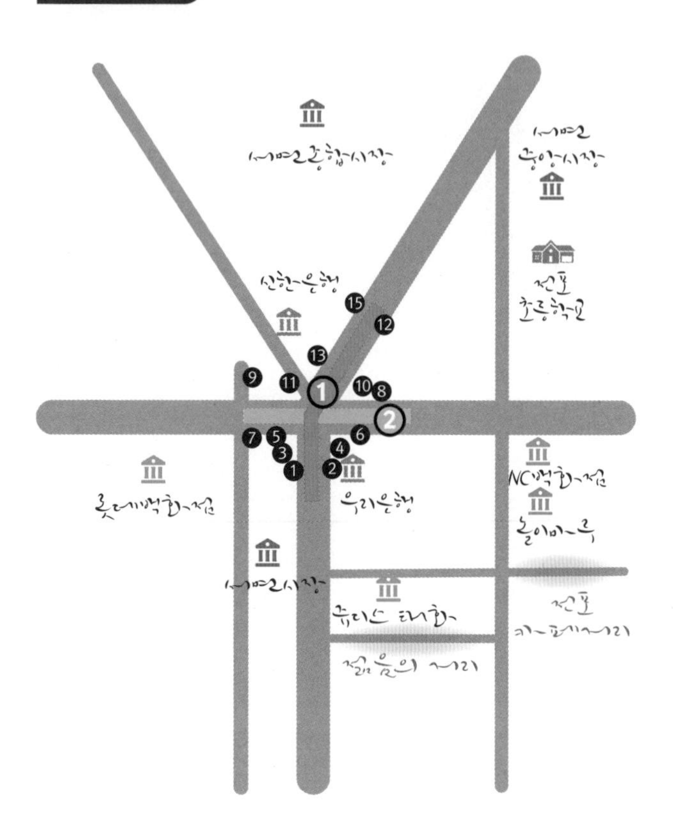

김종희 문화공간 빈빈 대표

일상을 여행처럼, 호모비아토로의 삶을 추구한다.
지금까지의 경험을 바탕으로 삶을 디자인하는
'리에프릴'을 실천하는, 꿈꾸는 미학자이다.

서면이라는 장소, 장소성

공간적 실체 속에 사람의 상호작용이 만들어 내는 물리적 영역이 장소라면, 장소성이란 다른 장소와 구별되는 그곳만의 특수성이다. 그런 까닭으로 장소성은, 동시대를 살아냈던 사람들에겐 특별한 기억이 된다.

서면은 부산의 대표적인 장소인 동시에 숱한 사람들에겐 장소성의 의미를 지닌다. 부산뿐 아니라 타 지역 사람들에게 부산하면 떠오르는 장소를 물어본 적 있다. '부산하면 제일 먼저 떠오르는 지역이 어디 인가요'라는 질문에 많은 사람이 '동래, 영도, 사상, 해운대, 광안리, 남포동 그리고 서면'을 말했다. 각각의 지역에 대한 나름의 부연 설명이 꼬리말을 달고 있지만 특히 서면에 달린 꼬리표는 만남의 장소였다.

서면 놀이마루

‘서면에서 만나요…’ ‘그래… 서면 아니가…’ 가만히 만남의 장소 서면에서 쪼개져 나온 말에 따라 세대를 짐작해 보기도 한다. 가령, 천우장과 마라톤을 아는 사람과 모르는 사람, 동보서적, 영광도서, 태화백화점, 상상마당, 궁리마루(현 놀이마루)를 아는 사람과 모르는 사람의 연령대를 가늠해 보는 것이다. 그러니 서면은 저마다의 장소성이 어우러진 장소이자 포괄적 장소성으로 각인되기도 한다.

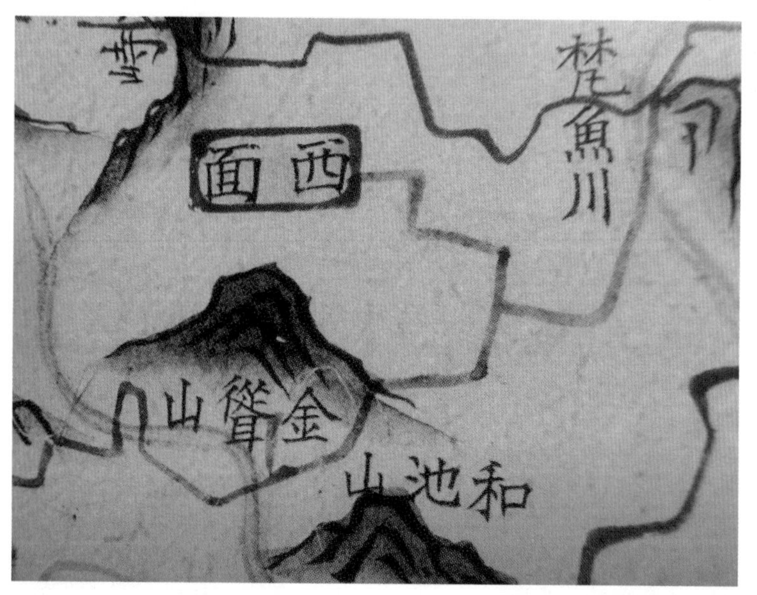

1700년대 중엽 제작한 영남지도에 나오는 서면 ©영남대 박물관

서면은 부산의 얼굴(面)이다. 지명의 유래에 의하면 서면은 조선시대 행정구역인 동래부에 속한 7개 읍, 면 중 하나로 ‘동래읍의 서쪽에 위치한 면’이라는 의미로 붙여진 이름이다. 1740년 편찬된 『동래부지』에 보면 동래부 서면은 9개리로 구성되었고 이후 동평면까지 아우르

는 행정구역이 되었다. 부전동 일대는 서면의 면 소재지가 있던 곳으로 '부전동'이라는 공식명칭 대신 여전히 '서면'으로 통하는 이유가 여기에 있다.

오래전 행정명칭인 서면은 지금의 행정지명엔 등장하지 않는다. 도로명 주소 혹은 지번으로 검색했을 때 서면은 찾을 수 없다. 그럼에도 서면은 오래된 미래다. 여전히 많은 사람들이 모여들고, 하루가 다르게 변화하고 있으며, 전 세대에 걸쳐 찾는 장소가 되었다. 학생들의 궁리공간으로, 젊은이들에겐 맛집 순례의 길로, 어디에서 오든, 중간이니 가장 효율적인 모임의 장소로, 졸업 앨범 속 낡은 사진을 더듬으며 추억을 길어 올리는 서면이다. 그러니 서면을 모르는 사람은 없다. 모르는 사람이 없는 서면, 그런 까닭으로 서면은 부산의 중심이다.

특히 육칠십 년대 도시로 돈벌이를 위해 떠났던 차남과 장녀에게 서면의 장소성은 각별하다. 고향으로 돌아오는 명절. 차례를 끝내고 오랜만에 만나는 고향 동기들과 나누는 말 속에 자리 잡은 이름 '서면'이 그랬다. 1960년대 제일제당, 동명목재, 대우자동차, 보성고무 등이 동천 일대로 이주해 오면서 공업지역이 형성된 서면은, 이향하는 시골 청년들에게 새로운 삶의 터전이 되었다. 천수답에 옹기종기 대식구가 포도알처럼 매달려 살던 그 시절, 밤낮없이 일을 하고 받은 월급 대부분을 고향으로 보내고 하루하루를 견디어 내던 차남들과 장녀들은 가장의 역할을 해냈다.

도시의 일상을 안고 돌아온 고향 집 아랫목에 같이 자리 잡은 말이 서면이다. '서면에 가면' '서면에서 칼국수에 막걸리 한잔' '서면 공구골목 기술자' '책방에서 책 한 권 사서 동시 상영 영화' 등 노동의 현장을 벗어난 도시 생활상은 아랫목 온기처럼 따끈따끈했다. 그 시절 도시로 간 청년들이 가져오는 서면은 도시에 대한 동경이자 도시 부산의 상징성이었다. 한 번도 가 보지 못한 서면이라는 장소 속에는 농촌에서 볼 수 없는 숱한 차량이 꼬리를 물었으며, 차량의 경적 사이로 분주히 오가는 발걸음이 보였다. 낮처럼 밝은 밤의 거리가 보였으며 공장 기계 돌아가는 소리가 들렸다. 그것은 내가 들었던 최초의 감각이자 기억들이다. 돌이켜보면 촉각과 상상의 경계에 와 닿는 존재로서의 서면이었다.

모든 길은 서면으로 통한다

한 시대의 변화는 변방에서 시작된다. 변화를 통해 성장을 이루어낸 것도 자세히 들여다보면 모서리의 꿈틀거림이 있기 때문이다. 중심부에 밀려 있던 주변의 자각과 발견은 어느 순간 지각의 변동을 일으킨다. 그것은 마침내 상상을 초월하는 혁명이 된다. 중심이 된 주변은 그런 까닭으로 한 시대를 열어가는 언어가 되며 한 지역을 대표하는 상징어가 된다.

오래 기억되는 첫인상처럼 상징어는 어쩌면 첫인상 같은 얼굴인지도 모른다. 흔히 인상이 좋다는 말을 듣는 사람은 넉넉한 품을 가진 사람이다. 넉넉함이란 모든 것을 수용하고 품어주는, 모나지 않은 성정을 말한다. 이것저것을 애써 분별하지 않으니 사람들이 자연스럽게 그의 세계로 몰려가는 것이다. 그를 통해 길을 찾고, 그를 통해 길을 만들어

가는 중심이 된 것이다.

과거에는 동래의 변방이었던 서면이 부산의 중심이 된 것은 부산의 경제 성장과 그 궤를 같이하기 때문일 게다. 지금은 흔적을 찾기 어렵지만 한때는 고무공장을 비롯한 대형 제조업체가 자리 잡고 있어, 내일을 꿈꾸는 사람들이 서면으로 모여들었다. 서면의 상징성은 돌고 돌아가는 길, 로터리이다. 서면은 서면로터리를 통해 부산으로 들어온 사람들과, 서면로터리를 통해 성장한 사람들이 열어간 부산의 중심지이다. 서면을 통해 사람이 성장했고 기술이 성장했으며 나아가 경제가 성장했다. 모이고, 만나고, 머물고, 헤어지며, 다시 내일을 열어갈 저마다의 길로 통하는 교류의 공간 서면은 그런 까닭으로 다채롭게 흐른다. 동에서 서로, 남에서 북으로 사람의 길이 교차하는 환승역이 서면이다.

서면역의 출구는 열다섯 개다. 어느 출구를 선택하는가에 따라 경험하는 풍경도 다르다. 2번과 4번 출구를 통해 지상으로 올라가면 전포카페거리와 서면 젊음의 거리를 만나고 술집이 즐비한 만취길을 만난다. 1번과 3번으로 나오면 서면향토음식특화거리로, 9번은 영광도서 거리로 연결되며, 11번은 부전시장 초입과 연결된다. 지

서면 젊음의거리

하에서 지상으로 이어지는 쇼핑몰과 지하철 1호선, 2호선으로 환승하려는 사람들로 서면은 언제나 북적인다.

동해로 가는 기차가 출발하는 부전역도 서면역을 통해 만나며 100년 만에 돌아와 부산의 랜드마크가 된 시민공원도 서면역을 통해 가는 곳이다. 오래된 일기장의 접힌 모서리처럼 색인된 골목길은 여전히 숱한 사람의 이야기를 품고 있다. 흔들리되 넘어지지 않는 양팔저울처럼 서면은 언제나 서 있다.

서면 문화의 거리

지난한 생을 채워주는 활어 같은 온기, 시장

물기 빠진 파도 사이로 일어서는 모눈종이 같은 시간들이 있다. 민물 냄새를 토해내는 비 오는 날의 바다처럼 드러나지 않으나 존재하는 시간은 역사가 되었다. 서면 일대에는 우리나라 신발산업의 중흥기를 이끌었던 진양고무가 있었다. 커피 냄새 넘치는 오늘의 서면은 과거의 진한 고무 냄새를 바탕으로 한다. 신발 밑창을 오려 붙이던 여공들의 손끝에 매달린 접착제 냄새가 오늘의 서면 바닥에 있는 것이다. 일자리가 있는 곳에 사람이 모여들고, 사람이 모이는 곳에 시장이 생긴다. 시장은 이향한 사람들의 지난한 허기를 채워주고 내일을 열어갈 넉넉한 온기가 되었다.

시간의 결이 켜켜이 쌓인 그리움, 생각할수록 가슴이 먹먹해 오는 기억은 누구에게나 있다. 그 대상이 무엇이 되었든, 한때의 기억은 살아갈수록 힘이 된다. 때로 기억은 과거였다가, 현재였다가, 오지 않는 먼 미래를 당겨오는 힘이 되기도 한다. 뜨거운 삶에 투영된 감성의 세계, 어쩌면 그러한 감성이 삶을 건져 올리는 한 채의 그물인지도 모른다.

그물코에 걸려 올라오는 삶의 편린들이 조각보처럼 펼쳐진 시장, 활어 같은 언어가 생의 열정이 되는 시장에서 평생을 보낸 어머니의 손끝에는 목에 걸린 생선 가시처럼 어린 자식의 얼굴이 박혀있다. 자식은

서면시장 입구

어머니의 삶을 먹고 성장하지 않은가. 어머니의 닳은 지문으로 내 일상의 무늬를 만들어 가고, 생선을 힘껏 내리치는 팔뚝의 힘으로 내 삶의 뿌리를 지탱한다. 그래서 혹자는 지친 삶을 달래기 위해 시장을 걷기도 하고, 혹자는 그리움의 끝을 찾아 난전을 기웃대기도 한다.

누구에게나 아랫목에 묻어둔 밥 같은 곳이 있다. 삶이 팍팍하여 그 누구도 곁에 없을 것 같을 때 선암사 해우소의 등 굽은 소나무에 기대어 보라는 시인의 말처럼, 헛헛한 날이면 한 번쯤 가 보고 싶은 곳이 서면시장이다. 이리 채고 저리 채도 내 속에 품은 그 무엇이 있어, 그럼에도 꼿꼿하게 걸어간 사람의 이야기가 그곳에 있다. 높은 빌딩과 휘황한 상가 건물에 가려져 있어 눈에 띄지 않아도 숨은그림찾기 하듯 찾아가는 곳이 서면시장이다.

서면시장의 백미는 칼국수다. 안반에 치댄 밀가루 반죽을 홍두깨로 밀어 만든 소박한 칼국수 한 그릇이 때로는 든든하게 뒷배를 받쳐주는

서면시장 칼국수

힘이 된다. 칼국수의 멋은 면발에 있다. 젓가락에 걸쳐진 구불구불 무규칙성이 만들어 내는 자유분방함의 여유다. 넓게 펴진 반죽을 겹겹 접어 썰어낸 국숫가락이, 굵은 손가락에 걸려 훌훌 털고 일어서는 가벼움이 주는 깊은 맛이다. 맑은 육수에 쑥갓, 다진 마늘, 고춧가루, 통깨를 고명으로 얹은 뜨거운 칼국수 한 그릇. 먹어본 사람은 안다. 단순함이 가진 넉넉함을… 입안 가득한 칼국수 면발 사이로 파고드는 깍두기의 아릿한 단맛을… 주머니 속 가난함을 넉넉한 뱃심으로 불려주는 뒷심을…. 저마다의 반죽을 치대고 부딪치며 살아낸 삶의 뜨거움이 그곳에 있다.

한편, 부전역을 곁에 둔 부전시장은 풀어헤치면 헤칠수록 쏟아지는 진기한 보따리이다. 아니 어떤 형태든 싸 줄 수 있는 보자기다. 사람의

부전시장 이정표

부전시장 전경 ©박정화

이야기가 부표처럼 떠 있는 곳, 부전시장은 그런 까닭으로 활기가 넘친다. 눈 구경하기 힘든 부산에서 겨울이면 영동선 기차를 탔다. 부전역에서 9시 10분에 출발하는 무궁화 기차는 장장 8시간을 달려 종착역인 정동진에 도착한다. 먼 길 가는 여행자에게 부전시장은 배웅 나온 식구처럼 좋다. 과일 봉다리를 가방에 넣어주던 외숙모같은, 꼬깃꼬깃 접힌 지폐 한 장을 꺼내주며 끔뻑끔뻑 눈으로 인사하던 외할머니 같은 정이 있다. 무엇보다 난전에서 먹는 뜨거운 죽 한 그릇은 겨울 추위를 견디는 힘이었다.

인생이란 여행은 한 치 앞을 알 수 없는 불확실성의 연속이다. 한고비 돌아서면 또 다시 거친 물살이 굽이치는 생의 한가운데에서, 그럼에도 불구하고 견디어 내야 할 숙명으로 우리는 살아간다. 알 수 없는 막막함에 주저앉고 싶을 때 따뜻하게 잡아주는 손을 만나면 일어설 힘이 생긴다. 그럴 때, 손은 손이 아니라 생의 근기다. 그것은 진득한 생의 흡근이 된다. 부전시장, 펄펄 끓는 팥죽 한 그릇이 그렇다. 후후 식혀가며 삼키는 그 한 숟가락에 온몸의 피가 뜨겁게 돈다.

없는 것 빼고 다 있다는 부전시장은 미로처럼 복잡해 자칫 동행인의 뒤통수를 놓치기 일쑤다. 사람 반 물건 반, 부전시장은 오대양을 옮겨온 듯 거대한 바다를 연상시킨다. 파도처럼 몰려오는 사람의 물결에 이리저리 밀리는 명절 대목장엔 동해선을 타고 부전역에 내리는 사람과 동해선을 타고 부전역을 떠나는 사람의 온기가 뒤엉켜 활어처럼 퍼덕인다. 그뿐이랴. 팔도 농산물이 모여드는 어물전, 채소전에 정교하게 진열된 상품들은 설핏 설치예술을 연상시킨다. 치열한 생의 현장이 주는 숭고함을 만나는 곳이 부전시장이다.

공구거리에서 커피거리로

술을 마시지 않아도 취할 수 있다면 어떤 경지에 오른 것일 수도 있다. 서면역 2번 출구를 나와 만나는 만취길은 술에 취하는 것이 아니라 술을 부르는 간판들에 취한다. 만취길을 빠져나와 젊은이의 거리를 지나면 전포카페거리 입구와 연결된다. 다양한 디저트와 커피, 먹거리가 많아 젊은이들의 데이트 길로도 유명한, 요샛말로 핫플이다.

전포카페거리의 전신은 서면철물공구 골목이다. 한 가지 기술만 있으면 밥 먹고 살 수 있었다던 그때 기술을 배우기 위해 전포동 서면철물공구상가로 많은 젊은이가 몰려들었다. 품삯이 넉넉하지 못해도 기

서면 공구거리

술을 잘 배워두면 언젠가는 사장이 될 수 있다는 꿈을 키울 수 있었기 때문이다. 1960~70년대 당시 500여 공구 상점이 골목을 이루고 있었으며 대한민국의 모든 부속은 서면 공구거리에서 조달되었다. 이곳에는 베어링, 모터, 인버터, 체인, 자동 전압 조정기, 병원용 바퀴, 인덱스, 토크 렌치 등 가정용 공구를 비롯하여 공업용 공구와 부품들을 판매했다.

번성했던 철물공구상이 사상으로 옮겨가면서 형성된 전포동 카페거리는 감성 넘치는 부산의 트렌드 세터가 되고 있다. 다시 말해 부산의 트렌드가 전포동에서 퍼져나간다는 것이다. 그러니 앞서 부산의 트렌드를 읽기 위해서는 그곳에 가봐야 한다. 그러나 한계는 있다. 지나치게 감각적이다 보니 변화를 따라가지 못하면 도리어 도태되기 십상이다. 젊은이들이 넘치는 거리, 감각이 살아 움직이는 거리라는 특성에도 불구하고 너무나 빠른 변화로 인해 고유문화가 없는 실정이다. 어쩌면 그 또한 하나의 문화현상일 수도 있다. 그러나 전포카페거리만의 특성화된 문화가 없다는 것은 아쉬움일 수밖에 없다.

물의 환승, 바다로 간 목마

'부산의 길은 서면에서 만난다. 해안에서 오는 길이 서면에서 만나고 내륙에서 오는 길이 서면에서 만난다. 지상의 길도 지하의 길도 서면에서 만나고 서면에서 갈라진다.'라는 시인 동길산의 말처럼, 서면은 모든 것이 모여드는 중심으로서의 환승역이다.

그러나 사람만이 환승하는 것은 아니다. 서면은 물의 환승역이다. 동천으로 불리는 물길은 당감천, 가야천, 부전천, 전포천, 호계천의 지류를 받아들인다. 당감천은 백양산 자락의 선암사 계곡, 국제고 뒤편 계곡에서 발원한다. 엄광산 동의대학교 계곡과 가야공원 계곡에서 발원한 물은 가야천이 된다. 뿐만 아니라 성지곡수원지 계곡에서 발원한 부전천과 연지동에서 발원하는 전포천, 그리고 범일동과 범천동의 경계가 되는 호계천도 만난다. 당감천은 지금의 부암교차로 인근에서 가야천과 만나고 서면CGV 부근에서 전포천과 만나고, 다시 호계천과 합쳐진다.

이런 지류들이 모여 동천이란 이름을 얻는다. 한편 부전천은 광무교 근처에서 동천을 만나 북항으로 흘러간다. 동천이란 이름은 부산진(자성대)에서 볼 때 동쪽에 있다 하여 붙여졌는데, 동천의 변천사는 서면의

동천 ©『100가지 서면 이야기』(부산진구 발간, 2016, 비매품)

변천사와도 그 맥을 같이 한다. 그러나 안타깝게도 동천과 지천들도 현재 80% 이상이 복개되어 도로로 쓰이고 있으므로 형체를 찾아보기 쉽지 않다. 그뿐이랴. 복개된 하천으로 흘러든 오·폐수는 오히려 시민들의 인상을 찌푸리게 한다.

도심의 하천은 오아시스와 같다. 깨끗한 물이 흐르는 도심의 하천은 시민의 삶의 질에도 영향을 미친다. 더욱이 빌딩 숲 사이로 흐르는 생태하천은 최고의 휴식공간이다. 그러나 복개된 동천과 숱한 지류도 휴식의 기능을 상실한 지 오래다. 콘크리트에 감춰진 물길은 부유물이 떠다니고 탁한 물빛에서 생명체를 기대하기조차 어렵다.

이쯤에서 엉뚱한 상상을 해본다. 주차장이나 도로가 된 복개된 하천을 열어 친수공간을 만들어 보는 것이다. 닫힌 물길이 열린 물길이 되고, 온갖 생물이 있는 그대로 살아가는 자연하천 서면 말이다. 우선 부전천을 열어본다. 성지곡수원지에서 내려오는 물길이 시민공원에 이르자 소풍 나온 아이들은 이리저리 몰려다니는 피라미를 좇아 첨벙거린다. 도심의 빌딩숲을 배경으로 공원의 여름이 물들어 가겠지. 나무에선 열매들이 저마다 내면을 채워가고 물풀은 바람에 찰랑인다. 긴 의자에 어깨를 기대어 앉은 노부부의 모습이 한 편의 시처럼 펼쳐지는 부전천. 노년의 문화와 아이의 문화가 공존하는 공원풍경은 멈추지 않는 이야기를 열어가리라.

한편, 점심시간을 기다려 사무실을 빠져나온 직장인들은 광무교를 내려와 부전천 산책을 할 것이고… 지난한 삶을 풀어내는 서면시장을 뒤로 두고 무심하게 흐르는 물길을 보는 여유를 가지는 일상이 펼쳐지지 않을까. 가끔은 바닷고기가 동천을 거슬러 왔다가 내려가는 살아있는 도심 하천은 그 자체로 위대한 문화원형이 된다. 지류가 모여 큰 물길이 되듯 사람들의 이야기가 흐르는 환승역 서면이 판타스틱 서면으로 환승하는 것이다.

beyond 서면

환승역은 만남과 흩어짐의 징검다리와 같다. 물길처럼 움직이는 한가운데이자 다음 지역으로 가는 경계이기도 하다. 그런 측면에서 보면 환승역은 중심인 동시에 변방이다. 중심이 가지는 주변이며, 주변으로 이어지는 중심의 풍경이 우물처럼 첨벙이는 곳이다. 부산의 트렌드 세터가 되는 서면은 전 세대가 찾는 세대 간의 환승역인 셈이다. 그야말로 다양한 문화 권역이 다채롭게 분포되어 있다.

그러나 지하철에서 내려 각각의 문화 섹터로 가버리는 서면엔 문화가 섞이지 않는다. 영광도서 거리를 향유하는 세대와 전포카페거리를 향유하는 세대 간의 습합이 일어나지 않는다는 것이다. 두루 섞이어 흐르는 지하의 양상이 지상의 길 위에서는 쪼개지고 만다. 이쪽과 저쪽이 물과 기름처럼 분리된 문화, 융화되지 못하는 현상은 서면이 가진 역사성과 장소성을 퇴색시키지 않을까.

서면은 물리적 환승역으로서뿐만 아니라 문화의 환승역이 되어야 한다. 그러기 위해서는 사람의 이야기가 섞이고, 청년과 노년의 놀이가 섞이고, 이쪽과 저쪽의 문화가 자연스럽게 교행되어야 한다. 세대 간의

서면 교차로 ©정유찬(부산진구청)

문화가 아쉽게도 두루 섞이어 공존하지 못하는 곳이 또한 서면의 현재이다. 분리된 세대, 분리된 문화현상은 어디에서 기인된 것일까. 분리된 장소, 분리된 문화를 이어주는 것은 무엇일까. 결국은 길에 답이 있다. 저마다의 방향으로만 가는 분리된 출구가 아닌 교행하는 길 위에 문화도 교행한다. 한 방향으로만 가는 길 위에 교차선을 그어보는 것이다. 교행하는 문화가 될 때 세대 간의 문화를 향유할 수 있으며 마침내 공존의 문화를 이어간다.

서면은 물이 모이는 곳이었다. 지천이 흘러 바다로 가는 물길이다. 문화도 물길처럼 흘러야 한다. 고인 물은 썩는다. 부산의 서면이 아닌 beyond 서면이 되기 위해서는 무엇보다 예술적 상상력이 필요하다. 만약 서면교차로에 엑스(X)자 횡단보도가 있다면 어떨까. 교차로 횡단보도를 하루에 세 번씩 열어주면 어떨까. 지하도로 내려가 계단을 오르지 않아도 서면교차로의 횡단보도를 걸어 전포동에서 영광도서로, 시민공원으로 가는 것이다. 시민의 일상에 심각한 영향을 초래하지 않는 오전, 오후, 밤에 한 차례씩 횡단보도를 건널 수 있다면 도시의 분위기는 확연히 달라지겠지. 차가 중심이 아니라 사람이 중심이 되는 길이 되는 것이다.

교차로를 중심으로 둘러선 빌딩의 유리벽을 활용한 미디어 아트가 펼쳐진다면… 횡단보도를 걸어가는 사람들은 예술작품 한 가운데를 걸어가는 판타지를 느끼게 된다. 더욱이 눈을 볼 수 없는 부산에서 겨울이면 미디어에서 쏟아지는 눈의 향연을 만나게 된다면… 겨울 서면에는 눈이 내리고 교차로 횡단보도를 건너는 사람들은 눈의 세계 속에서 환호하겠지. 전포동 카페거리의 젊은이들도 영광도서 거리를 오가는 어른들도 롯데백화점 쇼핑거리의 사람들도 일상이 예술이 되는 서면에서 그들의 새로운 문화를 만들어 가지 않을까.

우후죽순으로 솟은 고층빌딩에 바다의 도시 부산이 출렁거린다면… LED조명을 이용해서 빌딩과 빌딩 사이 파도의 파노라마가 펼쳐지는 서면의 밤은 또 어떤가. 전차의 역사, 지하철의 역사, 상권과 공업의 역사를 안고 있는 서면이 예술의 옷을 입어 세계적인 랜드스케이프 아트의 장소로 태어나지 않을까.

서면은, 서면을 넘어서 존재한다. 다시 말해 부산의 서면이 아니라 전국구 서면이다. 다양한 연령대가 모여 저마다의 꿈을 실현하고, 꿈을 향해 걸어가는 곳이다. 때로 사람을 통해 위로받고 드러낸 상처에 새살을 채우기도 한다. 사람의 이야기가 활어처럼 꿈틀거리는 문화 예술의 환승역 서면은, 그런 까닭으로 부산문화의 원형으로 중심성에 지위를 얻게 된다. 그 원형으로부터 쪼개져 나온 역동성이 beyond 서면을 열어갈 것이다.

연산역

그 길의 시작과 끝

지숙희

연산역

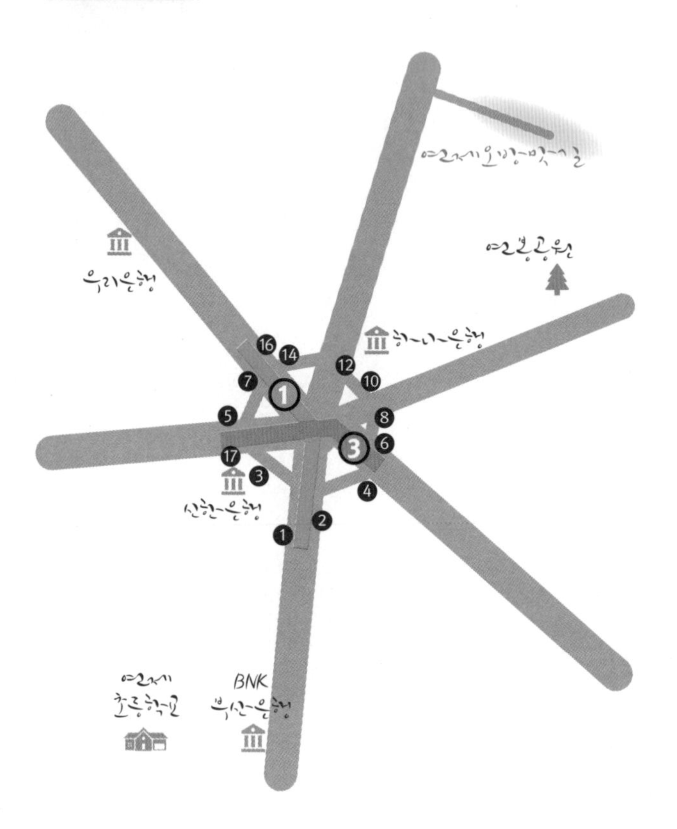

지숙희 동화작가

동산과 들로 뛰어다니며 어린 시절을 보냈다.
비릿한 바다향을 맡으려 코를 킁킁대기도 하고
뱃고동 소리에 귀를 쫑긋 세우기도 한다.
우연히 함께 살게 된 길냥이 보리와 노리에게
바다 이야기를 들려주며 오늘도 꼼지락꼼지락.

걱정 말아요 그대

아주 오래전 일이다. 그날의 이곳 연산동은 자동차 경적과 바삐 움직이는 행인들의 발걸음 소리만 가득했다.

아버지는 초등학교에 갓 입학한 나를 데리고 길을 나섰다. 몇 해 동안 귓병으로 고생한 내 손을 잡고 이비인후과를 찾으신 거다. 무뚝뚝한 아버지와의 첫 나들이였다. 잘한다는 소문을 듣고 어렵게 찾은 병원이었다. 막상 아버지 손에 이끌려 따라갔지만, 겁이 났다. 다행히 귀 치료는 생각보단 그리 많이 아프진 않았다. 하지만 너무 겁을 먹고 긴장한 탓인지 병원 문을 나서자마자 다리에 힘이 풀려버렸다. 이런 나를 두고 아버지는 급한 볼일이 있다며 잠시 어딜 가셨다. 여러 갈래길 한 모퉁이에 나를 세워두곤 꼼짝하지 말고 있으라는 말만 남긴 채. 낯선 곳에 대한 두려움이 아마도 그때부터 생긴 듯하다. 아는 이, 눈에 익은 데라고는 하나 없는 아주 무시무시한 곳이었던 것 같았다. 두려움을 떨쳐내기 위해 내가 할 수 있는 일은 숫자를 헤아리는 것뿐이었다. 얼마나 헤아려야 아버지가 돌아올까. 백까지 헤아리면 오실까 아니면 이백까지 헤아려야 오실까. 자동차들이 더 쌩쌩 달렸다. 행인들이 힐끔힐끔 쳐다봤다. 빼빼 마른 내가 어느 가게 모서리에 한참 동안 움직이지 않고 서 있는 걸 보고, 주인 아주머니가 말을 걸어왔다.

"니 여기서 뭐 하노? 길 잃었나? 어디로 가는데? 근데 와 혼자고?"

한꺼번에 여러 질문을 해 대답하기도 곤란했지만, 그것보다 숫기 없는 나는 꿀 먹은 벙어리 모양 아무 대꾸도 못 했다. 땅만 쳐다보며 눈만 끔벅거릴 뿐이었다. 그런 내가 안쓰러웠는지 가게로 들어간 주인은 하얀 사발에 갈색빛 맑은 물 한 잔을 들고나왔다.

"수정과다. 무 봐라. 달달한 게 맛날 기다."

주인 아주머니는 머뭇거리는 나를 보며 연신 고개를 끄덕였다. 나는 하는 수 없이 하얀 사발을 받아 한 모금 마셨다.

"집으로 가려면 어떻게 해요?"

나는 여러 갈래길을 이리저리 쳐다보며 입을 열었다. 내 목소리는 달리는 자동차 소리에 묻혀버렸다.

어느 여름날 연산역

연산동이란 지명은 낮은 늪지대를 의미한다. 수련이 많고 배산과 황령산 쪽은 산지로 되어 있어 연산이라는 이름이 붙여졌다고도 하고, 이 동네의 중심이자 진산인 금련산에서 연산이라는 명칭을 따왔다는 설도 있다.

연산역은 연제구 연산동에 있는 도시철도 1호선과 3호선의 환승역이다. 원래는 연산동역으로 불리다가 2010년 2월에 연산역으로 개명하였다. '동'이라는 낱말이 없어졌을 뿐인데 어감이 훨씬 부드러워졌다. 연산역은 중앙대로와 월드컵대로, 반송로와 고분로의 6개 방향의 도로가 교차하는 연산로터리에 자리 잡고 있다. 한마디로 지하철 위에 육거리가 있다는 말이다.

도시철도 1호선을 타고 연산역에 내렸다.

연산역 표지판 ©정춘산

"발 빠짐 주의, 발 빠짐 주의"

안내 방송이 연신 귓전을 때렸다. 방송처럼 열차와 승강장 사이가 꽤 넓었다. 대합실로 바로 나가는 사람도 많았지만 3호선으로 갈아타려고 빠르게 걷는 이도 많았다. 약간 경사진 길을 뛰는 사람도 보였다. 아마도 환승 통로 동선이 조금 길어서지 싶다. 한 무리의 사람들이 지하로 다시 내려갔다. 환승을 위해서.

대합실을 올라가기 위해 에스컬레이터를 탔다. 거북이가 기어가듯 에스컬레이터가 저속으로 운행되어 안전사고 예방은 될 듯싶었다. 만남의 장소가 있는 벤치에 잠시 앉았다.

"시내 가는 길은 어디로 나가야 하나요?"

앉자마자 누군가 길을 물었다.

"사실 저도 잘 몰라요. 저 앞 기둥에 안내표시가 있으니 한번 가 보세요."

연산역 전경 ©정춘산

머리가 희끗희끗한 분의 물음에 시원한 답을 주지 못했다. 그분은 오히려 미안해하며 걸음을 떼었다. 그렇게 그분 뒷모습을 보고 있노라니 또 다른 누군가 말을 걸어왔다.

"서면으로 가려면 어디서 타야 하나요?"

"…."

사실 나도 이 연산역이 낯설다. 내가 나가야 하는 출구가 몇 번인지도 모르겠다. 연산역은 복잡하고 어렵다. 나만 그런 게 아니었나 보다.

"1호선 타는 데가 어딘지 아나요?"

또 물어본다….

"아 1호선은 오른쪽, 왼쪽에 있는데 가시고자 하는 방향 잘 보고 타시면 됩니다."

안내표시를 금방 훑어보곤 조금 자신 있게 답을 해주었다. 할머니는 고맙다며 내가 가르쳐준 곳으로 걸어갔다. 무사히 목적지까지 가시길. 잘 살펴보면 안내표시랑 화살표가 또렷한데 왜 헤매는 것일까. 지하만 들어오면 길치가 되는 나랑 비슷한 이들이 세상에 많다는 걸 느꼈다.

핸드폰을 보다가 고개를 드니 눈앞의, 조금 낯선 풍경에 미소가 지어졌다. 자그마한 키에 하얀 모시 남방과 바지를 입으신 노인 한 분이 자전거를 끌고 대합실에 나타났다. 순간 타임머신을 타고 기둥에서 뿅 하고 나타난 것만 같았다. 그분은 까맣고 반짝이는 자전거를 끌고 엘리베이터를 타고 유유히 사라졌다. 왠지 저 자전거를 타고 과거로 다시 갈 것 같은 생각이 든다. 드라마의 한 장면처럼.

"1호선 타려면 이쪽으로 가면 된다. 내가 여기 몇 번 와봐서 잘 안다."

중년의 여인이 친구 서너 명을 데리고 성큼성큼 1호선 타는 곳으로 갔다. 몇 번 와봐야만 저 여인처럼 잘 알 수 있을 거로 생각하니 지금 내가 이곳을 낯설어하는 이유를 알 것 같았다.

바로 옆에 누군가 앉았다. 깔끔한 재킷에 하얀 백바지를 입고 중절모를 쓴 노인이었다. 노인은 주머니에서 구겨진 지폐를 꺼내 한 장 한 장 펴더니 재킷 안주머니에 넣곤 자리를 떴다.

만남의 장소라는 이름에 걸맞게 누군가를 기다리고 누군가를 만나 반가워하는 모습이 정겨웠다. 꼭 누구를 만나지 않더라도 기둥을 두고 빙 둘러앉아 잠시나마 한숨을 돌리는 휴식 공간이다.

어느 시가 떠오른다.

연산동 지하철 역 노인 몇이 의자에 앉아 있네 / 우리 동네 강씨 노인 허리 구부리고 앉아 있네 / 비닐 우산을 손에 들고 앉아 있네 / 물끄러미 쳐다보네 / 가방을 든 남자가 그 앞을 총총 걸음으로 지나가네 / 쇼핑백을 든 젊은 여인이 송곳구두를 신고 지나가네 / 엄마 손을 꼭 잡은 꼬마 하나 따라가네 / 모두 우산을 들고 있네 / 빨간 불을 켠 전동차가 달려오네 / 뎅그랭 종을 치면서 달려오네 / 지하철 역은 시끌버끌하네 / 검은 비닐봉지를 든 노파 혼자 계단을 오르고 있네 / 지상은 비가 오네 / 가로수 푸른 잎이 흠뻑 젖어 있네 / 비를 피하지 못한 산이 젖어있네

－「지하철 역」(박철석)

대합실에 머물며 연산역 주변 안내도를 보았다. 순간 거대한 거미 한 마리가 다리를 쫙 펼치고 있는 것처럼 보였다. 물론 거미는 다리가 여덟 개지만. 연산역 출구는 17번까지 있다. 그런데 9, 11, 13, 15번 출구가 없다. 결국, 실제로 13개의 출구가 있는 셈이다. 까딱하다간 길을 잃을 것만 같다. 아니 거대한 거미줄에 갇힐 것만 같은 착각이 들었다.

내 출구는 어디일까?

1번 출구는 시청, 연제초등학교, 연산5동행정복지센터

2번 출구는 연산2동행정복지센터, 리스본 병원

4번 출구는 부산연산5동우체국, 건강보험심사평가원 부산지원

3번 출구는 아무런 표시가 없다.

17번 출구는 거제동 방면, 부산광역시의정회

5번 출구는 거제동 방면, 명은병원

6번 출구는 신리삼거리 방면

7번 출구는 부산교육대학교 방면

8번 출구는 연일 시장, 연일초등학교, 부산경상대학교

10번 출구는 연산4동 행정복지센터

12번 출구는 연일지구대, 웰니스병원, 덴큐치과
14번 출구는 안락교차로 방면, 부산광역시 육아종합지원센터
16번 출구는 노인종합복지관

출구가 정말 많다. 지상에서 헤매지 않으려면 출구를 잘 찾아 올라가야 한다.

도로에 그려진 마법진

땅속을 벗어나 땅 위로 올라왔지만 복잡하긴 마찬가지다. 부산의 모든 길이 이곳으로 모인 듯싶었다. 부산의 교통 요충지라고 하더니 가히 그럴만했다.

연산교차로는 8차선의 중앙대로와 6차선의 월드컵대로가 교차하고, 4차선의 고분로와 반송로가 연결된 여섯 갈래로 연결되는 교차로이다. 부산의 주도로인 중앙대로가 통과하며 망미동, 반송, 거제리 등과 연결되는 결절지다. 반송에서 연결된 옛길이 포장되고, 2001년 법원이 거제동으로 이전하며 월드컵대로가 확장되어 현재와 같은 형태가 되었다. 부산교대에서 부산시청으로 연결되는 중앙대로, 안락교차로에서 연결되는 반송로, 종합 운동장에서 신리삼거리로 향하는 월드컵대로, 연산터널로 향하는 고분로의 교차점으로서, 안락동과 동래, 거제리와 망미동, 양정을 연결하는 사통팔달의 교통 요지에 자리하고 있다. 연산교차로 지하로는 부산 도시철도 1호선과 3호선이 통과하기에,

연산교차로 ©정춘산

연산역은 1호선과 3호선의 환승역이다. 이에 연산교차로는 지하의 도시철도 환승뿐 아니라, 도시철도와 도로 교통의 결절지이기도 하다.

연산교차로가 유명한 것은 국내에서 볼 수 있는 가장 큰 규모의 육거리 교차로라는 점 때문이다. 물론 울산에서 교통량이 가장 많은 지역인 공업탑로터리도 빼놓을 수 없다. 교차로다 보니 교통량이 얼마나 많을까 싶다. 부산의 운전 문화 얘기만 나오면 당연히 연산로터리가 빠지질 않는다. 운전대를 잡고 그곳을 빠져나와 목적지까지 무사히 나가기가 그리 쉬운 게 아닌 것 같다.

연산로터리를 항공사진으로 보면 도로에 그려진 마법진이라고들 한다. 여기서 마법진을 찾아보니 만화나 게임에서 마법이 담겨있는 형태를 이르는 말인데, 주로 원 안에 별 모양이나 다각형의 형태가 그려져 있다고 한다. 맞는 말이다. 초보 운전 시절 그곳을 못 벗어나 네 바퀴나 돌고 울었다는 지인 얘기가 헛말은 아닌 듯싶다. 초행이면 무조건 헤맨다. 그래서 그냥 일단 앞차를 따라가다가 내비게이션이 다시 길을 잡아주면 침착하게 돌아간다고 한다. 만약 내비게이션이 없다면…. 마법에 갇혀버리는 건 순식간이다.

이렇게 연산교차로가 교통의 중심부 역할을 하다 보니 유동 인구가 많아졌다. 자연적으로 상권이 활발해지고 편의시설 및 생활 인프라가 잘 구축되었다. 다양한 병원 의료기관, 은행, 우수한 학군 형성으로 교육, 행정, 문화가 집결한 곳이라고 해도 과언이 아니다. 사람이 모이는 곳, 이곳이 연산교차로다.

“오방맛길로 온나! 내랑 놀자~”

연산동에서 가장 핫한 오방맛길! 맛집들이 가득가득 모여있는 골목이다. 오방은 동, 서, 남, 북의 사방과 그 중앙을 아울러 이르는 말이다. 오방맛길! 사방에 맛이 좋기로 이름난 음식점이 많은 길이라고 막연하게 생각했다. 그것보단 여러 종류의 먹거리 문화를 다양하게 즐길 수 있길 바라는 뜻이다. 다양성에 초점을 둔 것이다.

“오방맛길로 온나! 내랑 놀자~”

이와 같이 외치는 오방맛길의 캐릭터 온나꼼은 연제구 오방맛길의 ‘오방색’에서 중앙을 뜻하는 ‘황웅’의 이미지를 차용해 황색 곰 외형을 하고 있다. 온나꼼은 ‘이리 와’의 경상도 사투리 ‘온나’와 곰의 귀여운 발음 ‘꼼’의 합성어로 오방맛길의 방문을 바라는 마음을 담고 있다.

연산동 오방맛길 ©정춘산

회사에서 직책은 주임, 오방맛길에서는 주(酒)님! 먹고, 마시고, 노는 데 진심인 요즘은 퇴근하고 오방맛길에서 한잔하는 게 낙이라는데, 사람들과 어울리길 좋아하는 '온나꼼'에는 오늘도 오방맛길에서 놀 사람을 기다린다는 의미가 들어있다. 온나꼼 모형과 그림이 거리 곳곳에 장식되어 있어 보는 이로 하여금 온나꼼의 매력에 빠지게 만든다.

오방맛길은 단기적으로는 상권회복을 통한 오방상권의 부활과 내외부 환경개선, 점표별 매출 증가와 지역상권 자생력 강화라는 목적을 가지고 있다. 중기적으로는 지역 가치 상승을 통한 지역경제 교두보 확보, 상권공동체 확보 및 운영 확대를 꿈꾼다. 더 넓게 장기적으로는 지역경제 활성화 연제구 경제 랜드마크 구축, 상인 스스로 상권을 발전시키는 지속적 커뮤니티 확보와 청년이 모여드는 상권 조성을 하고자 한다.

연산교차로 주변은 지하철 1호선과 3호선이 통과하는 교통의 중심지로서, 부산에서 손꼽는 번화가로 소문나 있었다. 밤 문화의 대명사로 불릴 만큼 다양한 업소들도 많았다. 하지만 지난 2012년 지역 대표 방송국인 KNN이 해운대로 이전한 후 폐업 점포가 늘어나고 많은 유흥업소가 문을 닫으면서 그 기세가 조금씩 쇠락하기 시작했다. 그로 인해 유흥의 거리라는 수식어가 무색하게 되었다.

2020년부터 오방상권의 재도약을 위해 현재 연제오방상권 르네상스 사업을 추진하고 있다. 구도심 상권 쇠퇴로 지역상권의 소상공인 생업기반이 약화되는 등 지역경제에 부정적인 영향을 미치게 됨에 따라 쇠퇴한 상권을 '상권활성화 구역'으로 지정하고 상권 전반의 종합적인 지원을 통해 소상공인 및 지역상권의 경쟁력 제고를 위한 사업이다.

연산교차로 주변 거리 ⓒ정춘산

노후화된 외벽과 도로변의 간판을 정비하고 공중선(전기, 통신선)을 지하로 매설하는 지중화 사업으로, 덕분에 거미줄 같은 공중전선들이 없는 깨끗한 하늘을 볼 수 있다. 사라진 전신주 자리에 디자인 가로등을 세워 밤거리에 색다른 빛으로 눈길을 사로잡는다. 환경적으로 거리가 깨끗해지니 찾아오는 발걸음도 많아지고 연령대도 젊어지는 건 당연한 듯싶다.

오방맛길은 다양한 볼거리가 있다. 첫 번째는 상생문화축제 '또온나 페스티벌'이다. 각종 노래자랑, 프리마켓과 특별 공연을 즐길 수 있는 축제이다. 먹거리, 즐길거리, 볼거리가 모두 한자리에 모인 오방맛길 페스티벌! 주민과 상인을 이어주는 정기적인 축제로 자리매김하고 있다.

다음은 오방맛길 푸드페스티벌이다. 유명한 세프 쿠킹쇼와 가족과 함께 만드는 야식요리 레시피 공개 및 무료시식, 오방 3미(味) 맛집 무료시식, 대형 비빔밥 퍼포먼스가 펼쳐진다. 초청 가수 공연 및 즉석 경품 이벤트도 있으니 끝까지 함께하면 행운이 따라줄지도 모르는 일이다.

오방맛길 푸드 페스티벌 ©정춘산

마지막으로 연말에 빛거리 루미나리에를 조성해 화려한 빛의 향연으로 연말 분위기를 한층 고조시키는 빛 축제를 개최한다. '오방의 빛 조각보를 펼치다'를 주제로, '별빛 내리는 밤'을 부제로 열린 작년 행사는 크리스마스트리존과 다양한 빛 조형물을 꾸며 다채롭고 낭만적인 빛으로 물들였다. 한 해 동안 열심히 달려온 당신을 위해, 소중한 나를 위해 좋은 사람들과 축제의 연말을 즐길 수 있을 것이다.

이뿐만이 아니다. 연제구 오방맛길의 상권 활성화와 홍보를 위해 '요온나' 청년체험단도 모집했다. 지역상권 활성화에 관심을 가지고 참신한 아이디어를 가진 청년들이 오방 맛길을 더 널리 알려주면 좋겠다.

이처럼 (재)연제구상권활성화재단에서는 연제오방상권 르네상스 사업 등 연제구 상권활성화를 위해 다양하고 창조적인 콘텐츠를 제공함으로써 상인과 지역주민과의 상생을 위해 발로 뛰고 있다.

맛! 멋! 빛!이 있는 오방맛길로 허기진 배를 채우러 가 보자. 어둠이 채 찾아오기 전 골목엔 밥솥 추 돌아가는 소리가 요란하다. 연이어 구수한 밥 냄새가 진동한다. 밥 냄새는 언제 맡아도 기분이 좋다.

오방맛길에는 정말 다양한 맛집들이 많다. 어디서 무얼 먹더라도 가성비와 요리의 품격에 만족도가 높은 편이다. 터줏대감인 오돌뼈를 주축으로 참치집. 양곱창집, 소고깃집, 돼지고깃집, 남녀노소 다 좋아하는 닭고기 요리집, 다양한 해산물이 눈길을 사로잡는 횟집, 가성비 짱으로 든든한 배를 채울 수 있는 국숫집, 못다 한 수다의 정점을 찍는 수제 맥줏집 등 나열할 수 없을 만큼 다양하다.

먼저 연산교차로 주변부는 유동 인구가 많다. 환승역인 연산역이 한몫 톡톡히 하고 있지만, 사통팔달 교통의 요지이다 보니 사무실 밀집 지역이다. 그렇다 보니 회식 문화가 발달한 곳이기도 하다.

부산은 특히 돼지고기 음식문화가 다른 지역보다 발달하였다. 오방맛길에도 맛있고 유명한 돼지고기 음식점이 많다. 노포로 유명한 돼지 오돌뼈집도 있다. 연탄불 직화구이로 구워져서 불맛이 일품이다. 대부분 식사 후 2차 3차로 찾아가는 곳이다. 오돌뼈랑 홍합탕이 조합을 이루는 로컬 찐맛집으로 소문이 나 있다.

누군가에게 어떤 음식이 제일 맛있나요? 하고 물으면 남이 해주거나 사주는 음식이라고들 한다. 그럼, 세상에서 가장 맛있는 고기는? 바로 남이 구워주는 고기가 아닐까. 회식할 때 가장 인기있는 장소는 뭐니 뭐니 해도 고깃집. 그런데 고기 먹는 건 좋아하면서 굽기는 싫어하는 사람들도 있다. 고기를 굽기 싫어 서로 눈치를 실실 본다. 혹여 사무실의 막내라면 한 번쯤 집게를 잡고 고기를 구운 기억이 있을 것이다. 하지만 요즘 고깃집은 대부분 고기를 구워준다. 직원이 테이블에서 직접 고기를 구워주다 보니 대화에 집중할 수 있고 고기 맛도 더 느낄 수 있는 것 같다. 그래서 요즘에는 고기를 구워주는 가게를 선호하는 추세다. 남이 구워주는 고기 맛을 보려면 오방맛길 고깃집으로. 숯불구이 집뿐만 아니라 보쌈집, 막창집, 돼지국밥집, 족발집 등 다양한 돼지고깃집이 있어 입맛에 맞는 곳을 찾아 먹는 재미가 쏠쏠하다.

연산동 오돌뼈 가게 ©정춘산

월급날 통장에 돈이 떡하니 입금되었거나, 누군가에게 감사의 표시로 음식 대접을 해야 한다면 맨 먼저 소고기를 한 번쯤 떠올린다. 한우뿐만 아니라 질 좋은 등급의 고기를 직수입해 맛의 등급을 높이는 가게도 있다. 어디를 가나 질 좋고, 한번 맛보고 맛있는 곳은 계속 생각나기 마련이기에 회식 메뉴로 우선 선호 대상이다.

오방맛길에는 양곱창과 참치 맛집도 많다. TV와 신문에도 나왔던 연산동 핫플레이스가 오방맛길 곳곳에 있다. 100% 한우 곱창, 대창을 사용해 최고의 맛인 고소함과 담백한 맛을 즐길 수 있는 곳이 있다. 곱창, 대창, 특양을 골고루 섞어 넣어 모둠 한판에 다양한 풍미를 느낄 수 있는 양곱창집. 기름기 가득한 입안이 얼큰한 국물의 곱창전골 한입으로 깔끔하게 내려가는 마법을 경험해 봐도 좋을 것 같다.

근사하게 대접받고 싶으면 참치 집으로 가 보는 건 어떨까. 슬쩍 회식 장소로 정해도 환영받을 곳이다. 솔직히 내돈내산 하기에는 가격대가 있는 편인 건 사실이다. 하지만 김에 무순이랑 고추냉이 살짝 올려 기름장에 찍어 입에 넣는 순간! 살살 녹는 참치의 고유한 맛에 반하고 말 것이다. 오방맛길에는 참치 집이 많이 들어서 있다. 그곳에서 중년들의 해방일지가 수없이 쓰였을 듯싶다.

어느 노래 가사처럼 태양을 피하는 방법을 알고 싶을 만큼 한낮의 뜨거운 열기는 밤이 되도록 식을 줄 모른다. 가만히 앉아 있어도 땀이 흘러내리고 기운이 쑥 빠져나가는 더운 여름. 보양식으로 고갈된 우리의 에너지를 충전해 보면 어떨까? 오방맛길에는 이열치열! 힘이 나는 음식들이 많다. 아무래도 힘! 보양식 하면 장어가 아닐까. 장어 하면 나이 드신 어르신들의 선호 음식이었지만 요즘은 MZ세대도 많이 찾는 추세이다. 간편식, 패스트푸드로 다운된 몸을 장어로 보충하면 좋을 것이다.

복날만 되면 문전성시를 이루는 삼계탕집. 그 명성은 널리 알려져 있다. 삼계탕뿐만 아니라 닭곰탕도 또 다른 보양식의 한자리를 넘보고 있다. 불포화지방산이 많아 건강식, 보양식으로 뽑히는 오리도 빼놓을 수 없다. 무얼 먹든 맛이 있고 정성이 들어간 음식이면 그게 보양식이 아닐까.

오늘은 뭘 먹을지 결정하기 어렵다면 떡볶이, 김밥, 라면, 우동, 순대 등 있을 거 다 있는 편의점 같은 분식집은 또 어떤가. 오방맛길에는 분식집도 많다. 예전 학교 앞에서 쉬 볼 수 있던 음식들. 가끔 추억에 젖고 싶다면 가벼운 마음으로 들렀다가 든든한 한 끼를 채울 수 있을 것이다.

맥줏집을 찾다 들어선 골목에는 오징어 등이 줄에 매달려 불빛을 반짝이고 있다.

"오징어 등이라 해서 오징어 모양인 줄 알았는데 아니네."

연산동 맥줏집 ©정춘산

청춘남녀가 웃으며 지나간다. 나도 웃으며 걷는다. 흔들리는 전구가 오방맛길의 온나꼼처럼 방문을 환영하는 손짓으로 느껴졌다. 그 환하고 기분 좋은 밝음의 전율을 따라가다 보면 31번길과 마주하게 된다. 오방맛길 31번 길엔 맥줏집이 많이 들어서 있다. 2차, 3차에서 마시는 시원한 맥주 한잔은 모든 시름을 다 날려주는 것 같다.

그날의 너, 환승입니다.

맥줏집에 들어섰다. 순간 가슴이 요동을 친다. 연산동 계피향! 코젤 맥주 한 잔을 시켰다. 시나몬 향이다. 맥주잔 립 부분에 둘려져 있는 갈색 가루의 정체가 그 주범이다. 시각, 청각, 미각보다 이번엔 후각이 먼저 설레발을 친다. 어릴 적 낯선 곳에 남겨져 두려움에 떨고 있는 나를 위해 가게 아주머니가 준 수정과에서 맡았던 계피 향. 그 향과 맛이 비록 다르다고들 말하지만, 뭐라고 형언할 수 없는 기억이 이 코젤 맥주 한 잔으로 인해 스멀스멀 올라온

코젤맥주 ©정춘산

다. 그때의 수정과는 아닐지라도 부드러운 거품과 향긋한 시나몬 향, 달콤 쌉싸름한 맛의 흑맥주다.

맥주 한 잔을 쉼 없이 마셨다. 어릴 적 홀로 버려질까 두려움에 떨었던 그날의 나, 무책임한 아버지의 행동을 미워하며 읊조린 숫자들, 그날 이후 여러 갈래길 앞에서 곧장 길을 잃는 바보 같은 지금의 나를 다 씻겨 낼 작정으로.

낯설 길과 교차로에 대한 두려움을 처음 느꼈던 이곳 연산동. 또다시 오늘, 연산동 어느 맥줏집에서 평온함을 얻은 지금 이 순간은, 나에게 찾아온 신의 한 수가 아닐까 싶다.

인간은 누구나 길 위에 서 있다. 그 길에서 한 번쯤 두려움을 느끼고 방향을 놓쳤다 해도 결코 끝이 아니다. 또 다른 길로 환승을 한다면 더 멋지고 짜릿한 길을 만날지 누가 알겠는가. 그것이 곧 새로운 시작이 될 테니까.

참고 자료

부산향토문화백과
(재)연제구상권활성화재단 홈페이지 & 블로그
도란도란 연제 - 재미있는 연제구 스토리 여행

두영역

골목과 라이프스타일로 갈아타실 분들은

박진명

수영역

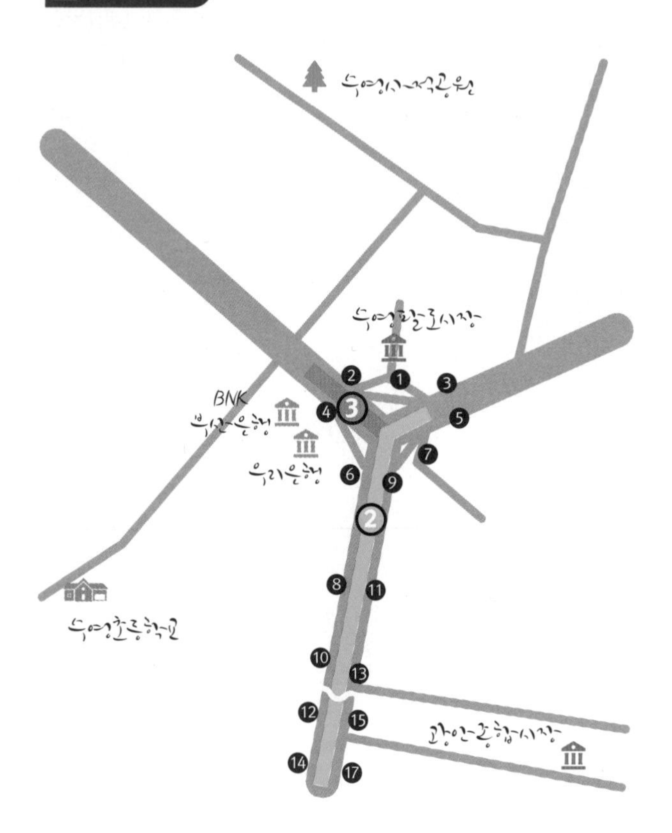

박진명 문화기획자

문화활동가이자 기획자로 활동하며
지역을 걷고, 기록하고,
엉뚱한 사건들을 만들어 오고 있다.

수영역이 환승역이 되기까지

1999년 대학에 입학하고 첫 학기를 남천동 고모댁에서 통학했다. 그 시기 51번 버스를 타면 도로는 온통 지하철 공사 중이라 막힐 일 없는 시간대에도 더디게만 움직였다. 2001년 2호선이 서면에서 금련산역까지 개통하고, 2002년 1월 광안역까지 운행하기 시작했으며(짝짝짝 짝짝!) 대한민국을 떠들썩하게 했던 2002년 월드컵이 지나고 8월 광안에서 장산까지 나머지 2호선이 개통하면서 수영역도 탄생했다. 그러니까 수영역은, 전설로 남은 2002년 월드컵과 탄생 동기쯤 되겠다.

수영역이라는 이름은 조선시대의 해군기지라고 할 수 있는 경상좌도수군절도사영이(줄여서 경상 좌수영) 있었던 데서 유래하였다. 수영구라는 이름도, 수영동이라는 이름도, 수영교차로라는 이름도 모두 같은 유래가 있어서 역사적인 상징성이 담긴 지명이다. 통영에서 충남 보령까지 5개의 수영성이 있었지만, 지명으로 유일하게 남은 곳이 부산의 수영구라서 더 의미가 크다. 실제로 수영역에서 내려 팔도시장 뒤로 한두 블록만 들어서면 아직까지 좌수영성지의 유적을 간직한 수영사적공원이 나타난다.

2005년 11월 3호선의 종착역이 되면서 수영역은 2개의 노선이 교차하는 수영구 내 유일한 환승역이 되었다. 수영구는 10㎢의 좁은 땅에 남천-금련산-광안-수영-민락, 망미역까지 총 6개의 지하철역이 지나고, 대부분 지역에서 10분 내외면 지하철역에 닿을 수 있어 교통 접근성과 만족도가 높은 편이다. 그중에서도 수영역은 2개의 노선을 이을 뿐 아니라 산/강/바다, 지역의 오랜 역사 전통과 현재, 골목 곳곳으로 퍼져 있는 문화를 잇는 환승역이기도 하다.

이번 역은 수영역, 역사전통으로 환승역입니다

수영이라는 이름의 유래에서 말했던 것처럼 수영역은 우선 좌수영성이 있던 사적공원을 비롯해 수영구의 여러 역사전통으로 이어준다. 왜적을 방어하던 수군 기지인 좌수영성이 240여 년간 설치되어 있었는데 수영사적공원과 팔도시장 일대가 그 성지에 해당한다. 경상좌수영성 남문으로(부산광역시 유형문화재 17호) 쓰였던 홍예가 수영사적공원의 입구로 남아 있고, 인근 골목을 걷다 보면 성곽의 흔적과 성돌이 건물 외부의 축대로 쓰이고 있는 모습도 만날 수 있다. 사적공원 안으로 들어가면 수군의 대장인 수사의 은혜를 새겨놓은 선정비(요즘으로 치면 감

푸조나무(천연기념물 제311호)

사패쯤 되겠다)가 30기 넘게 모여 있다. 그 앞 야외쉼터에서는 바둑과 장기를 두는 어르신들의 열기가 뜨겁다. 전쟁을 방비하던 옛 성터 안에서 바둑과 장기알로 매일 매일 치열한 모의 전쟁이 펼쳐지는 셈이다.

곰솔나무(천연기념물 제270호)

그 양옆으로 수백 년 동안 자리를 지키고 있는 천연기념물 푸조나무와 곰솔나무가 짙은 그늘을 만들어 열기를 식혀주고 있다. 수령 500년 이상으로 추정되는 푸조나무는 성인 여러 명이 둘러싸야 할 정도로 너른 품을 지니고 있다. 마을을 지켜주는 할매의 영혼이 깃든 당산나무로 오랫동안 주민들의 안녕을 지켜왔다. 반대편에는 해송임에도 곧게 뻗은 400년 된 곰솔나무가 위풍당당하다 못해 웅장하게 서 있다. 당시 수군들은 무사 귀환을 이 곰솔에게 빌었다고 한다. 부산에는 천연기념물이 7개가 있는데, 그중에 2개를 수영사적공원에서 만나는 호사를 누릴 수 있다. 이렇게 마을의 안녕을 수백 년간 지켜온 푸조와 곰솔 앞에 요즘도 나이 지긋한 어르신들이 지나다가 두 손 모아 꾸벅 인사를 올리는 모습을 볼 수 있다.

수영성이라는 기능을 상상하다 보면 당연하게 안녕이라는 개념과 맞닿게 된다. 실제로 임진왜란이 일어났을 때 7년에 걸쳐 유격전을 펼쳤던 25인의 주민을 모시는 25의용단도 사적공원과 나란히 있다. 군인이어서가 아니라 삶의 터전을 지키기 위해 전장에 나섰던 민초들은 '김달망', '최막내' 등 이름으로도 확인할 수 있다. 또 독도를 지킨 안용복 장군의 사당도 사적공원 한쪽에 있다. 후대에 장군이라는 칭호를 붙였지만, 당시에는 수군에 속해 있던 능로군(노를 젓는 수군)이자 어민이었다고 한다. 25의용단과 더불어 공문서 위조라는 기상천외한 방식으로 울릉도와 독도의 영유권과 어업권을 공식적으로 확보한 안용복 장군 이야기 등 나라의 녹을 먹는 고관대작이 아니라 스스로의 안녕을 지키기 위한 주체적인 민초의 생생한 이야기가 전해지고 있어 더 감동적이고 재미가 있다.

수영문화도시에서 시민들이 만든 수영망미 나무 지도표지

뿐만 아니라 사적공원 안에는 야외놀이마당이 있는데, 이곳 수영에서 4개의 문형문화재가 오랫동안 이어져 오고 있으며 간혹 공연 형태로 주민들과 만나기도 한다. 땅에서 농사짓고, 바다에서 고기 잡고, 일상을 꾸리고 공동체를 가꾸며 안녕을 빌었던 문화가 도심 한가운데에서 이어지고 있다. 국가 중요무형문화재인 수영야류와 좌수영어방놀이, 부산광역시 무형문화재인 수영농청놀이와 수영지신밟기가 도시민의 안녕을 수시로 기원하니 아직도 수영은 살기 좋은 곳으로 사람들이 지속적으로 모여드는 모양이다.

이번 역은 수영역, 라이프스타일 골목으로 환승역입니다

외지에서 오는 사람들은 광안리를 알아도 수영구를 모르는 경우가 많다. 수영은 부산 제1의 랜드마크인 광안대교와 꾸준하게 사랑받고 있는 광안리 해변이 있는 관광도시이지만, 골목으로 한두 블록만 들어서면 대부분 원룸과 빌라, 아파트가 이어지는 주택가이자 베드타운이다. 인구밀도가 부산에서 제일 높을 뿐 아니라, 서울 평균보다 높을 정도로 많은 사람이 수영에 오밀조밀 모여 살고 있다.

또 1인 가구가 40% 넘고, 여성이 1만 명이나 더 많을 정도로 여성 비율이 전국에서도 상위권이다. 고령화가 진행되고 있으면서 청년들도 거주나 다양한 활동 등을 목적으로 유입되고 있어 구성원들이 복잡하게 뒤섞이는 곳이 수영구다. 게다가 소비를 통해 정체성을 드러내는 청년들의 유입이 많고 중산층도 많아 어느 정도의 구매력도 있다. 문화재 보호로 개발 제한이 걸려 있어 오래된 주택이 많은 수영동과 광안리와 제일 멀리 떨어진 망미동은 상대적으로 월세가 저렴하다. 청년들이 수영구에서 자리 잡을 때도 수영역과 망미역 인근의 오래된 주택이나 원룸에서 시작하는 경우를 흔히 볼 수 있는 이유다.

수영 망미 골목에서 만난 필담들

좁은 지역에 많은 사람이 모여 살고 있고, 어느 정도 구매력을 지닌 사람들이 많이 살아서인지 주거지역의 골목 사이로 독특하고 재미있는 가게와 공간들이 곳곳에 생겨나고 있다. 책방, 공방, 제로웨이스트숍과 비건 가게, 갤러리, 편집숍 등 다양한 라이프스타일을 담은 공간을 곳곳의 골목들이 품고 있다. 이처럼 수영역에서 내리면 곳곳의 라이프스타일 골목으로 환승할 수 있다.

걷는 걸음마다 문화를 만나는 수영, 망미의 골목

수영구 전역이 골목들로 연결되고 있지만, 그중에서도 수영동과 망미동의 골목은 좀 더 복잡하게 연결되어 있다. 돌아다니기에는 조금 복잡하고 헷갈릴 수 있지만 반대로 걷는 재미는 더 쏠쏠하다. 이곳에는 다양한 라이프스타일 가게나 작업실이 많고 그중에서도 공방들을 많이 만날 수 있다. 수영사적공원을 중심으로 도보 10분 이내에 있는 공방들만 30개가 넘는다. 가죽, 라탄, 옻칠, 목공 등 원데이 클래스가 열리기도 하고 작업이 이뤄지기도 하는 다양한 공방들의 천국이다. 몇몇 공방 주인장들은 수수공이라는 커뮤니티를 형성해 서로 배움의 워크숍을 열거나 자투리 재료들을 활용해 제로웨이스트를 각자의 작업에 어떻게 적용할지 궁리하기도 한다. 단순한 공방의 밀집을 넘어 교류와 협력의 분위기가 만들어지는 것도 도시가 건강하다는 신호이다.

F1963 주변으로 석천홀, 현대모터스, 국제갤러리, 오브제후드, 유니랩스, 갤러리이배 등 몇 분 거리에 전시공간이 밀집해 있다. 규모는 작아도 다양한 작품들을 선보이는 공간힘, 현대미술회관, 이젤갤러리, 전시공간 영영 등 특색 있는 전시공간도 골목 곳곳에서 만날 수 있다. 전국의 비건 지향의 사람들이 찾아오는 빵집 꽃피는 사월 밀 익는 오월

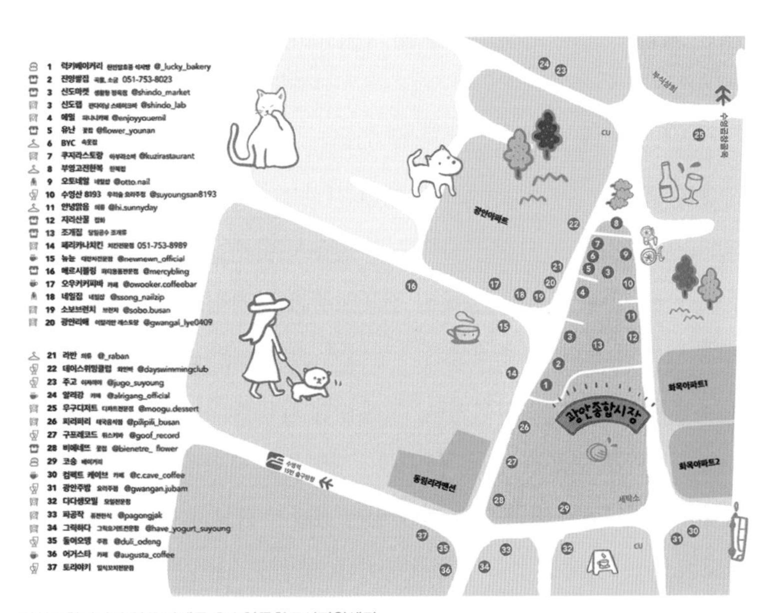

광안종합시장과 인근 가게들 ©수영문화도시지원센터

과 환경 관련 캠페인과 커뮤니티 활동을 함께 해가는 제로웨이스트숍 쑥도 이 골목에서 만날 수 있다. 자연과학책방 동주와 여행책방 비온후도 책을 매개로 문화의 향기를 더하며 지역과 연결되고 있다.

수영구의 도시재생사업으로 조성된 8개의 공간도 키즈카페, 실버 피트니스 센터, 오디오도서관 겸 극장, 무인화랑, 카페와 민박, 주방 등 다양한 편의시설 및 문화시설로 활용되고 있다. 이처럼 다양한 문화적 요소가 더해진 골목을 걷다 보면 여러 개의 목욕탕 굴뚝도 쉽게 만나게 된다. 이 굴뚝들을 통해서도 이곳이 삶의 노곤함과 묵은 때를 내려놓고 다시 일상을 살아가던 주민들의 오랜 주거지임을 확인할 수 있다.

광안종합시장의 새로운 부활, 선데이모닝마켓

10년 전인 2013년, 〈안녕 광안리〉라는 잡지에 해운대와 광안리의 시장을 소개하는 기사를 쓰면서 여러 시장을 둘러보았다. 수영구에는 회센터나 수산물과 어패류 관련 시장 말고도 아주 조그만 시장들이 곳곳에 남아 있다. 현재도 등록된 전통시장과 상가형 시장까지 더하면 10개 가까이 된다. 그중에서도 수영역에서 내려 볼 만한 시장은 수영팔도시장과 광안종합시장이다. 오랫동안 자리를 지켜온 팔도시장은 150개 가까운 점포가 인근 주민들의 생필품과 먹거리를 제공해 주고 있다. 특이한 것은 인근 수십 개가 넘는 점집이 있고, 공식적인 마을 제사도 있어서 그런지 전 등 제수음식이나 과일을 파는 가게들이 많다.

또 하나 재미있었던 시장은 80년대 간판들이 그대로 달려 있어 마치 영화세트장처럼 느껴지던, 쇠퇴해 가던 광안종합시장이다. 10년 전에는 바깥쪽의 상점들도 영업하지 않는 곳이 많았고, 시장 내부는 어두워서 들어가기조차 망설여질 정도였다. 이후 시장건물과 주변으로 개성 있는 가게들이 하나둘 생겼고 몇 년 전부터는 힙스터들과 젊은이들이 찾는 골목으로 탈바꿈하기 시작했다. 천연효모종으로 만든 빵과 친환경 정책들로 마니아들을 늘려가던 럭키베이커리 빵집이 방치되고 있는 시장 내부를 안타까워했다. 그곳을 다시 사람들이 모이는 시장으로 활용되면 좋겠다는 생각으로 2022년 수영구문화도시의 공모사업에 참여해 선데이모닝마켓이 탄생하게 되었다.

쌓여 있는 쓰레기들을 청소하여 정리하고, 조명들을 설치하여 공간을 정비하는 한편 오래 시장을 지켰던 상인들을 인터뷰하고, 콘텐츠를

10년 전 광안종합시장

광안종합시장 선데이모닝 마켓

지닌 상인들을 초대해 선데이모닝마켓을 2번 열었다. 반응이 좋았을 뿐 아니라 지역 상생이라는 가치도 더해져 있던 터라 2023년에는 더 빈번하게 열리고 있다. 밖에서는 잘 보이지 않지만 들어서면 도심 속에서 이런 풍경을 만날 수 있나 싶은, 작지만 개성 있는 세계가 마켓으로 펼쳐진다. 선데이모닝 마켓은 다양한 물건과 상품뿐 아니라 체험과 공연 등이 더해지는 문화시장이다. 당연하게도 시장이 열리는 빈도수가 늘어날수록 커뮤니티의 기능도 더해지고 있다.

이번 역은 수영역, 어디로 환승하시겠습니까?

근대도시로 전환되기 전, 부산은 행정 중심인 동래와 바다를 지켰던 수영이 중심축이었다. 그리고 1970년대 초반까지만 해도 수영 지역의 대부분은 논이나 밭으로 이루어져 있었다. 다만 지금의 수영강변 쪽은 태창목재가 1960년대 중반 자리를 잡기 시작하고 이후 고려제강, 시멘트공장 등 60개가 넘는 공장이 있는 공업지대가 되었다. 태창목재의 전성기에는 연 매출 100억이 넘었고 수영로터리 주변은 다양한 브랜드의 의류가게와 술집들로 활황을 이루었다.

수영역이 환승역이 되기 전에도 이 인근은 일자리로 몰려든 사람들이 집을 구하고, 시장에서 장을 보고, 직장의 스트레스도 풀던 주거와 상업의 중심지였다. 세계적인 경제 불황과 부산에서 공장들이 바깥으로 이전하게 되는 시기를 지나며 1990년대에는 수영로터리 주변의 상권도 한풀 꺾이기 시작했다. 2호선 지하철이 단계적으로 계통되던 당시 경성대역이 먼저 개통하고, 또 새로이 개발되던 해운대로 상권이 분산되어 2000년대 중반까지는 상권 쇠퇴의 분위기가 더 이어졌다.

그리고 2005년 환승역이 되고, 센텀에 다양한 업체와 사무실이 들어서고 2011년 부산국제영화제가 해운대로 옮겨오는 상황들이 하나 둘 더해지며 수영은 전통적인 가게들과 핫한 가게들이 뒤섞이며 다시 꿈틀대는 지역으로 변모하고 있다. 팔도시장 인근은 감자탕, 꼼장어, 생선구이, 곱창 등을 팔고, 나이 지긋한 사장님이 상대적으로 저렴하고 다양한 메뉴를 내놓는 포차들이 많다. 버스가 다니는 도로를 넘어 반대편에는 새로운 스타일의 국밥, 퓨전요리주점, 양곱창, 전국의 다양한 막걸리를 먹어볼 수 있는 가게 등 양보다는 분위기나 질로 승부하는 핫한 식당들이 상대적으로 많은 편이다.

수영구에서의 골목은 '~리단길'이라고 이름 붙여지는 핫한 골목이 생성되는 것과는 다소 차이가 있다. 특정 골목에 엄청나게 많은 가게들이 생겨나기보다는 수영구 전역의 골목을 걷는 동안에 다양한 가게를 만날 수 있는 것이 특징이다. 그래서 수영역이라는 환승역에서는 걷기를 좋아하는 사람들이라면 골목을 구경하면서 광안리나 수영강까지도 걸어볼 만하다. 그 골목 사이사이 공방도 만나고, 시장도 만나고, 빵집도 만나고, 책방이나 갤러리도 만나고, 90세가 넘은 할아버지가 소일거리하는 전파상도 만날 수 있다. 너무 핫하지는 않아서 살아가는 주민들의 삶도 보이는 골목이다.

힙함을 즐기는 사람이나 한적함을 즐기는 사람은 그 사람들대로, 왁자지껄 편안하게 슬리퍼 신고 다니는 것을 좋아하면 그대로, 다양한 라이프스타일을 수용하는 골목으로 이어주는 여기는 수영역, 수영역입니다. 어디로 환승하시겠습니까?

※ 주의: 이 역에서는 걸어야 보이는 것들이 있으니 내려서 걷기를 추천합니다.

벡스코역

첨단 도시 센텀시티로 가는 길

신지은

벡스코역

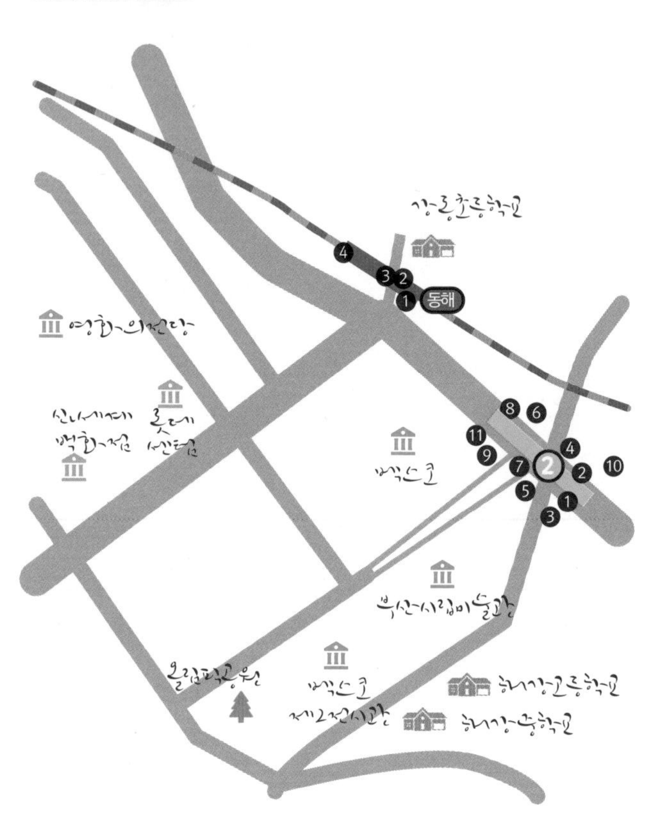

신지은 교수

부산대학교 사회학과에 재직 중이다.
일상생활의 사회학, 문화사회학을 공부하고 가르치고 있다.
우리의 일상생활이 좀 더 문화적이고
예술적으로 변화될 수 있는가 하는 문제에 관심이 많다.

센텀시티 인간·환경·기술이 조화를 이룬 첨단 도시

센텀시티(centum city)는 100을 가리키는 라틴어 'centum'과 도시 'city'의 합성어로, 100% 완벽한 첨단 도시라는 의미가 있다. 부산시는 인간, 환경, 기술이 완벽한 조화를 이룬 최첨단 미래 도시 건설을 통해 부산의 산업구조를 디지털 쪽으로 바꾸고자 했다. 1990년대 부산의 제조업 생산설비가 부산 인근의 양산, 김해로 이전되면서 지역경제가 위축되자, 부산시가 지역경제 구조를 제조업에서 첨단지식집약형으로 전환시키고자 한 것이다. 이에 따라 1997년 SK그룹과 지역 민간기업들 그리고 부산시가 공동 출자한 부산정보단지개발 주식회사(이후 센텀시티 주식회사로 상호 변경)가 주축이 되어 해운대구 수영강변 35만 평 위에 정보·지식·영상·오락·국제 비즈니스·상업 등의 기능을 갖춘 첨단 복합 산업단지를 건설했다.

처음 계획은 전체 지역을 디지털미디어 존, 부산전시컨벤션센터, 도심 엔터테인먼트, 국제 업무 지구, 복합 상업 지구, 테마파크, 수변 공원, 공공 청사 등 8개 존으로 구분하고 있었다. 하지만 2002년 주거 용지 확보를 위해 계획이 변경되었는데, 이는 현재 센텀시티의 주요 경관을 이루는 초고층 주상복합아파트들이 밀집하게 된 계기가 되었다.

벡스코, 백화점, 영화의전당, 마리나 파크 등은 센텀시티를 관광 산업과 마이스(MICE) 산업의 메카로 만들고 있다. 센텀시티를 세계적 명소로 알리는 데 큰 역할을 한 것이 부산전시컨벤션센터(벡스코 BEXCO : Busan Exhibition & Convention Centre)이다. 벡스코는 센텀시티에서 가장 먼저 공사가 완료된 구역으로, 2001년 9월 개장 이래 굵직한 대형국

센텀시티 벡스코 ⓒ벡스코

제행사, 기업회의, 총회, 전시, 공연 등 다양한 유형의 행사를 유치, 개최해 오고 있다. 2002년 전 세계의 13억 인구가 생중계로 지켜본 한일 월드컵 본선 조 추첨, 2005년 APEC 정상회의 등이 이곳에서 이루어졌다. 부산시는 고부가가치 창출을 기대하며 전시·컨벤션 산업과 관광산업의 융복합을 통해 마이스 산업 발전을 도모하고 있는데, 여기서 센텀시티의 역할은 핵심적이다.

신세계백화점 센텀시티점은 '동북아 최고의 관광허브'가 되기 위해 매장확충과 신축에 대대적 투자를 아끼지 않았다. 신세계백화점 근처에 있는 APEC 나루공원 일대와 수영강 하류에 위치한 센텀 마리나 파크는 요트, 서핑 등 해양레포츠를 즐길 수 있는 곳이다. 이곳은 여름이 아니더라도 수영강 친수공간을 활용한 복합문화공간으로 이용된다.

이 외에도 영화의전당, 센텀호텔, KNN, 영화진흥위원회, 부산디자인센터, 시청자미디어센터, 해저광케이블육양국, 센텀벤처타운, 부산영상센터, 영화후반작업기지, 문화콘텐츠콤플렉스, APEC기후센터 등이 들어서면서 지금의 센텀시티를 완성했다. 이처럼 센텀시티는 문화, 예술, 지식, 기술, 관광과 관련된 첨단 산업의 전초 기지 역할을 수행하면서 수많은 사람과 자본을 끌어들이고, 부산의 경제력, 국제적 인지도, 인적 자본 등을 업그레이드하고 있다.

센텀시티로 가는 길

센텀시티를 방문하는 많은 이가 부산 도시철도 2호선 센텀시티역, 그리고 2호선과 동해선 광역전철이 만나는 환승역 벡스코역을 이용한다. 현재 벡스코역에 들어서면 '일상에서 첨단으로. 벡스코역(Bexco

동해선 벡스코역 외부 모습

Station)'이라는 제목의 표지판을 볼 수 있는데, 이 표지판은 "우일 임시 승강장에서 현대식 역사로"라는 표현으로 역의 역사를 소개하고 있다. 이 소개글에 따르면 벡스코역은 우일역(佑一驛)에서 이름이 변경되었다. 1996년 영업을 개시했던 우일역은 통근열차가 오갔던 곳으로 주변에 살던 직장인들의 일상의 일부였던 곳이다. 그러다가 우일역은 2002년 통근열차 운행이 중단되면서 영업을 종료했고, 2016년 2월 구(舊) 역사 철거를 거쳐 동해선으로 편입되어 센텀시티로 이동했다. 이렇게 이동하면서 역 이름도 벡스코역으로 바뀌었고, 역의 위상도 크게 변화했다. 일상적 출퇴근을 위한 역에서 소비와 관광의 첨단 도시로 가는 길목의 역할을 하는 역으로 변화한 것이다.

2002년 8월, 부산 도시철도 2호선이 개통했을 때, 현재의 벡스코역은 시립미술관역이라는 이름으로 영업을 개시했다. 하지만 동해선 벡스코역이 만들어지면서 혼선 방지 차원에서 2호선 이름이 벡스코역으로 변경되었는데, 보조역명으로 시립미술관이라는 단어를 남겨두며 최종적인 이름이 '벡스코역(시립미술관)'이 되었다. 이렇게 해서 동해선 광역전철과 도시철도 2호선이 이어지는 벡스코역이 완성되었는데, 이 환승역은 부산에서 가장 길고 복잡한 극한의 환승역으로 유명하다.

우리를 더욱 헷갈리게 하는 것은 주변 역들의 이름이다. 2호선 벡스코역에서 서면 방면으로 한 정거장을 더 가면 '센텀시티역(벡스코, 법무법인대륜)'이 나온다. 즉 센텀시티역의 보조역명으로 벡스코라는 단어가 사용되고 있는 것이다. 또한 동해선 벡스코역에서 부전 방면으로 한 정거장을 더 가면 '센텀역'이 나온다. 이쪽으로 갈 일이 있다면 정신을 바짝 차리고 2호선과 동해선, 센텀역과 센텀시티역, 역명과 보조역명을

도시철도 2호선 벡스코역(시립미술관) 내부. 8번 출구로 나가면 동해선 벡스코역으로 갈 수 있다고 안내하고 있다.

잘 살펴보지 않으면 낭패를 보기 십상이다. 센텀시티로 가려면 센텀시티역에서 내려야 하나, 센텀역에서 내려야 하나? 벡스코에 가려면 벡스코역(시립미술관)에서 내리는 게 좋은가, 센텀시티역(벡스코, 법무법인 대륜)에서 내리는 게 좋은가 등등. 테베시로 들어가기 위해 스핑크스가 내는 수수께끼를 풀어야 했던 오이디푸스처럼, 우리는 헷갈리는 역 이름 수수께끼를 풀어야만 첨단 도시로 들어갈 수 있는 것일까?

센텀시티의 과거

재미있는 점은 센텀시티는 과거에도 인간, 물자, 문화의 교류 장소였다는 사실이다. 1940년 일제는 지금의 센텀시티 자리에 일본 육군의 대륙 침략을 위한 육군 비행장을 만들었다. 해방 이후에는 명칭이 수영비행장으로 변경되었고, 1946년부터 미군정청이 서울-대구-부산 간 노선을 잠시 운항하기도 했다. 1948년 10월 대한민국항공사(KNA)에서 서울-부산 간 노선 운항을 취항하면서 최초의 민간 항공 운송이 시작됐다. 한국전쟁기인 1950년부터 1954년까지 임시 국제공항으로 지정되면서, 유엔군의 전투 병력, 군사 물자 수송을 위한 군용 비행장으로 이용되기도 했다. 한국전쟁이 끝난 후 광주, 군산, 대구, 제주를 잇는 노선을 운항하다가, 1958년 시설을 개보수하고 명칭을 부산비행장으로 변경했으며, 1963년 정식 국제공항으로 승격되었다. 1970년대 경제 성장으로 국내외 관광객, 화물 수송이 급증하면서 비행장 시설 부족 문제가 제기되었고, 결국 1976년 비행장을 김해로 이전하면서 명칭은 다시 김해국제공항으로 바뀌었다. 이후 부산비행장은 1996년까지 공군비행장으로 사용되었고, 활주로 외곽 빈 부지는 컨테이너 야적장으로 이용되었다. 1996년 2월 비행장 기능이 완전히 정지되었고, 이후 이 부지 위에 센텀시티가 개발되면서 비행장의 흔적은 사라졌다.

일제강점기 때 해운대에는 철도가 통과하고 있었다. 일제는 석탄, 목재, 광물, 해산물 반출 및 부산과 원산 연결을 위해 동해선을 건설했다. 동해선은 원산을 기점으로 한 북부선, 포항~울산 간의 중부선, 부산을 기점으로 한 남부선으로 이루어져 있었다. 1930년 7월 부산진~해운대 구간 기공이 시작되었고, 1934년 7월 부산진~해운대, 12월 해운대~좌천, 1935년 좌천~울산, 1936년 12월 울산~경주까지 개통했다.

이처럼 센텀시티의 역사를 거슬러 올라가면, 이곳은 근대문명의 총아인 철도와 비행장이 일찍부터 자리 잡은 곳임을 알 수 있다. 물론 이는 제국-식민지 체제의 성립을 강화하는 제국주의의 첨병이자, 일제에 의한 침략과 수탈을 위한 것이었다. 하지만 이곳은 오래전부터 국내외적으로 수많은 사람이 연결되고 교류가 이루어진 공간이라는 사실 역시 분명하다. 이는 물론 부산이라는 도시의 특징이기도 하다. 부산은 역사의 특정 계기마다 수많은 이방인이 몰려들었다가 떠난 곳으로, 혼종성이 매우 강한 도시이다. 이런 점에서 센텀시티는 부산의 특성을 압축적으로 보여주는 공간이라 할 수 있을 것이다.

도시를 가로지르는 자동차, 버스, 지하철의 수많은 노선뿐 아니라 도시와 다른 도시를 연결하는 고속도로와 고속 열차, 도시와 다른 국가를 이어주는 비행기와 배까지, 이런 모빌리티의 경험은 한 도시의 성격에 지대한 영향을 미친다. 일찍이 발터 벤야민은 철도에서 종교의 정신을 간파해 냈다. "오늘날 문명국들이 철도 건설에 쏟는 열의와 열정은 몇 세기 전에 교회 건설에서 보여준 열의와 열정에 비교할 수 있을 것이다. (…) 종교라는 말이 'religare', 즉 '묶다'라는 말에서 유래한 것이 맞는다면 (…) 철도는 사람들이 생각하는 것보다 훨씬 더 종교적인 정신과 깊은 관련이 있다. 각지에 흩어져 있는 사람들을 연결하기 위한 것으로 (…) 이보다 더 강력한 장치는 과거에는 결코 존재하지 않았기 때문이다."[1]

철도에 종교의 정신이 있다는 것은, 철도가 여기저기 흩어져 있는 사람들을 연결함으로써 한 민족, 한 형제, 한 국민이라는 인식 혹은 '우리'라는 감정을 만들어 낸다는 의미이다. 벤야민의 통찰은 현대의 교통수단에도 적용해 볼 수 있을 것이다. 세계화시대에 전 세계인들은 마

1) 발터 벤야민, 『아케이드 프로젝트II』, 조형준 옮김, 새물결, 2005, 1395쪽.

치 하나의 지구촌에서 이웃처럼 살고 있는 것처럼 느끼게 되었다. 그렇다면 최첨단 스마트시티를 지향하는 센텀시티는 어떤가? 이곳에서 사람들은 공통의 감각, 연결되어 있다는 인식과 연대감, '우리'라는 인식이 있을까?

이중도시

'도시 속의 도시'라 할 센텀시티는 센텀시티 외부와 확연히 구별된다. 이런 센텀시티의 공간 구조를 이해하는 데 이중도시(dual city) 개념이 도움이 될 것이다. 이중도시는 원래 식민지 도시 연구에서 나온 개념이다. 일반적인 식민지 도시는 토착민들의 자생적 주거지(전통도시 구역)와 이주해 온 식민 지배자가 거주하는 근대도시 구역으로 나뉘어 공존한다. 식민 권력은 자신들이 거주하기 위해 전통도시를 서구화, 근대화하면서 개발하지만, 토착민이 거주하는 공간은 전통적인 모습 그대로 남아 있다. 센텀시티에 물리적 울타리가 세워진 것은 아니지만 이곳으로의 접근은 쉽지 않다. 내부의 동질적 정체성은 외부에 대해 폐쇄적 성격으로 쉽게 이어질 수 있는데, 이는 내부자에게는 쾌적성과 안전감을 제공한다. 이질적인 것과의 마주침, 나와 다른 이방인과의 관계 맺음에서 발생하는 수많은 예측불가능성 및 불안감은 이 공간에서 허용되지 않는다. 신원을 알 수 없는 이방인은 접근이 불가능하다. 지그재그, 구불구불, 가다 서다 하는 골목길도 없고 고등어 굽는 냄새나 집안의 일상적인 소음도 없으며 아이들이 뛰어다니는 모습도 찾아보기 어렵다. 구체적인 삶의 냄새와 소란스러움, 울퉁불퉁함이 이곳에 없는 것이다. 이런 점은 센텀시티의 장점으로 볼 수도 있겠지만, 일상적이고 자연스러운 도시성과는 거리가 멀다.

센텀시티와 센텀시티 외부를 구분하는 선은 행정적, 물리적 경계라기보다는 경제적, 문화적, 심리적 경계에 가깝다. 우선은 초고층 주상복합아파트와 기존의 아파트로 나뉠 것이다. 현재 센텀시티와 인근의 재송동, 반여동 등 해운대 서부 내륙지역의 심화된 격차는 부산시와 해운대구에서 풀어야 하는 난제로 지적되고 있을 정도이다. 물리적으로 센텀시티 근처라 해도 일반 아파트는 센텀시티라 부르지 않는다. 주상복합아파트와 일반 아파트, 센텀시티 아파트와 센텀시티 외부의 아파트는 평당 얼마인가로 극명하게 나뉜다. 더 나아가 센텀시티 거주자의 계층적, 문화적 동질성이 센텀시티를 센텀시티 외부로부터 구별한다.

센텀시티가 갖는 상징성의 효과를 얻기 위해 일반 아파트들이 센텀이라는 단어를 넣어서 아파트명을 바꾸는 현상도 생겨났다. 이는 센텀시티의 차별화된 이미지에 대한 욕망, 더 나아가서 집값 상승에 대한 욕망의 발현일 것이다. 처음에는 센텀시티 근처의 일반 아파트들이 이름을 변경했다면, 최근에는 전국적으로 센텀이라는 단어가 사용되고 있다. 센텀이라는 단어 자체가 이미 하나의 상징적 자본으로 기능하는 것이다.

센텀시티의 거주민 대다수는 고소득 전문 직종에 종사하는 중산층이라는 계층적 동질성을 가진다. 당연히 이들은 소비의 적극적인 주체이다. 따라서 센텀시티는 소비의 공간이기도 하다. 서울에 몰려있던 자본, 특히 부동산이나 고급 소비재 판매 시장이 새로운 시장으로 해운대, 특히 센텀시티를 주목한다. 세계 최대 백화점으로 기네스북에 등재된 신세계백화점 센텀시티점과 롯데백화점이 센텀시티를 선택한 것은 당연한 결과이다. 신세계백화점, 롯데백화점, 그 외 센텀시티에 자리 잡은 수많은 럭셔리 브랜드는 누구에게나 열린 공간이지만, 이 공간의 진정한 VIP는 충분한 자본력을 갖춘 소비자이다.

그뿐만 아니라 센텀시티는 '부산의 대치동'이라 불릴 만큼 높은 교육열로도 유명하다. 실제로 강남의 학원들이 새로운 시장으로 가장 먼저 부산 해운대로 진출하기도 했다. 그 결과 센텀시티에는 대형학원업체들이 밀집한 학원가라는 특이한 건조환경도 조성되었다. 사정이 이렇다 보니 센텀시티는 취학 아동을 둔 학부모들이 선호하는 공간이 되었는데, 자녀들이 대입에 성공하면 떠나는 공간이기도 하다. 이곳을 고향이라 생각하며 평생 살겠다는 사람은 많지 않다.

바슐라르는 이미 오래전 "파리에는 집이 없다. 대도시 거주자들은 포개진 상자에서 살고 있다"라고 지적했다. 뿌리가 없고, 그로 인해 우주와의 깊은 연대감도 없는 상자 같은 집에는 집이라는 단어는 어울리지 않는다. 『인간과 공간』의 저자 오토 프리드리히 볼노에 따르면 집은 인간 삶의 중심, 안도감의 중심, 관계의 중심이다. 그리고 언젠가 다시 그곳으로 귀향할 수 있는 곳이다. 그는 괴테가 『파우스트』에서 '집 없는 자', '목적지도 안식도 없는 비(非)인간'이라는 표현을 사용했음을 상기시킨다. 즉 집 없는 인간은 인간의 참된 본질을 잃어버리게 되고, 반대로 집을 가졌을 때만 참된 인간이 된다는 것이다.[2] 물론 여기서 집을

2) 오토 프리드리히 볼노, 『인간과 공간』, 이기숙 옮김, 에코리브르, 2011, 172~177쪽.

가졌다는 말은 '자가 소유'라는 의미와는 무관하다. 바슐라르가 집이라는 단어에 부여한 의미는 교환가치의 대상이나 투자재라는 뜻은 분명 아닐 것이다. 바슐라르를 비롯해 공간에 주목한 여러 철학자, 사회학자, 인문지리학자의 논의를 따라가다 보면, 현대의 심각한 문제, 특히 정글 같은 사회 속의 인간 소외와 불안과 같은 문제는 집의 위기, 공간의 위기와 무관하지 않음을 알 수 있다. 인간이 세계와 맺는 관계에는 공간적인 측면이 존재하는데, 그것을 매개하는 것이 바로 집이다. 인간이 굳건하게 현실에 뿌리내리고 상상력을 펼치며 타인과 함께 이어지고 성장해 갈 수 있는 공간, 이런 집이 위기에 처한 것이다.

보이지 않는 사람, 보이지 않는 공간

높은 벽으로 둘러싸인 아파트 단지나 상업 자본에 종속된 초고층 복합 건물은 공룡처럼 거대하다. 마천루의 높은 곳에서 아래를 내려다보는 사람들은 아래에서, 혹은 지하에서 일어나는 소란스러움과 지저분함, 혼란스러움, 피로함, 소음에서 벗어나 있다. 이들은 구경꾼이라는 지위, 훌륭한 주변 경관을 독점할 수 있는 지위를 소유하고 있다.

센텀시티에는 수많은 명품숍과 소문난 맛집, 멋집, 학원, 병원, 미용실 등이 즐비하다. 이런 것들이 모여서 센텀시티의 화려한 경관을 만들어 낸다. 하지만 센텀시티의 지하 공간은 완전히 다른 모습이다. 이곳에는 눈에 잘 띄지 않는 작은 식당들이 몇 개 있다. 여기서 사람들은 간단한 김밥이나 칼국수, 라면 따위의 한국형 패스트푸드를 부담 없이 먹을 수 있다. 이런 식당은 인터넷에서 검색하면 나오는 센텀시티의 유명 맛집과는 거리가 멀다. 센텀시티의 보이지 않는 사람들은 이처럼 보이지 않는 곳에 식당을 만들어 낸 것이다. 그뿐만 아니라 지하에는 백화점 상품권을 싸게 매매하는 상점이나 구두와 가방을 수선하는 가게도 자리 잡고 있다. 센텀시티 안에 센텀시티 같지 않은 공간이 만들어진 것이다. 백화점의 화려한 외관과 전혀 다른 지하의 경관만 놓고 볼 때 여기가 센텀시티라는 것을 알아차리기는 힘들다.

불이 꺼지지 않을 것 같은 화려한 센텀시티는 사실상 보이지 않는 이들의 일상적 연장영업, 연중무휴라 할 만한 노동에 의해 유지되고 있다. 그러나 이들의 삶과 노동, 소비, 여가, 휴식이 자연스럽게 얽히면서 만들어지는 저변의 문화를 찾아보기는 어렵다. 센텀시티는 놀이, 소비, 여가, 주거를 위해 누구에게나 열려 있는, 모두를 위한 공간처럼 보이지만, 사실은 돈을 지불하지 않고도 휴식을 취하거나 자연스러운 사교 활동을 할 수 있는 기회나 공공 공간은 거의 없다. 영화의전당이나 부산시립박물관 등은 센텀시티의 문화적 정체성을 더욱 고급화하지만, 일상생활과 밀착하여 발생하고 변화하는 문화는 결핍되어 있다. 인간이 특정 공간과 상호작용함으로써 고유한 장소의 정체성이 만들어지는데, 이런 정체성을 만들어 내지 못하는 곳은 '비장소'라 할만하다.

센텀시티의 비장소적 특성은 이 도시가 추구하는 스마트시티라는 이상과 무관하지 않다. 리처드 세넷은 스마트시티가 장소의 경험을 가볍게 취급한다는 점을 문제점으로 지적했다. 세넷은 스마트시티에서의 생활은 너무나 안락하기 때문에 그곳의 거주자들을 바보로 만드는 효과를 낸다고 봤다. "매우 사용자 친화적"인 스마트시티는 보통 계획

자체가 실험적이지 않다. 왜냐하면 도시의 균형이 깨질까 우려하기 때문에 언제나 구성 요소 간의 균형 상태를 추구하는 것이 우선이다. 따라서 이런 도시는 정태적이고 프로그래밍되어 있어서, 막다른 골목으로 이어지는 흥미로운 가능성은 추구되지 않는다. 게다가 스마트시티에는 윤리적 문제도 있다. 정해진 지점에서 다른 지점으로 이동하는 최단 거리를 추구하는 효율성은 결국 타인과의 자연스러운 만남, 타인의 삶에 대한 관찰, 타인에 대한 배움의 기회를 박탈한다.[3] 이는 스마트시티를 지향하는 센텀시티에도 적용해서 사유해 볼 만한 통찰이다.

마천루의 화려한 불빛, 4만 2천6백 개의 LED 조명을 갖춘 영화의전당부터, 화려하고 웅장한 백화점, 시립미술관과 벡스코 근처의 스트리트 퍼니처, 각종 키오스크, 미디어 폴, 미디어 월, 터치스크린 등이 센텀시티의 미래지향적 정보미디어 경관을 만들어 낸다. 이는 부산시가

센텀시티 전경 ©위키백과

3) 리처드 세넷, 『짓기와 거주하기』, 김병화 옮김, 김영사, 2019, 243~244쪽.

목표로 했던 유비쿼터스 스마트시티 계획에 부합한 경관이긴 하다. 하지만 센텀시티는 계획적으로, 전략적으로 만들어지다 보니 이곳에서는 시간이 누적되면서 자연스럽게 생성된 생활의 모습과 일상의 경관을 찾아보기는 어렵다.

센텀시티는 '폐쇄적(enclavic) 관광 공간'[4]과 유사한 경험을 제공한다. 즉 이곳에서는 하나의 지점에서 다른 지점으로의 신속한 이동, 각 건축물과 도로의 명확한 기능에 의해 순조롭고 질서정연한 이동만을 허용한다. 이곳은 동질적인 정체성과 구별 짓기를 통해 폐쇄성이 강화되어서 이질적인 타자와의 접촉은 거의 이루어지지 않는다. 게다가 이곳에는 이 공간에 원래 지정된 용도와 다르게 사용할 수 있는 전유의 가능성, 즉흥적 움직임, 예상치 못한 것과의 우연적 만남, 어슬렁거림과 빈둥거림을 경험하기도 어렵다. 첨단 기술과 고급문화를 특별히 대우하는 미래형 도시라 해서 곧바로 타인과의 교류와 소통을 통해 자연스럽게 형성되는 사회적 인간의 윤리와 태도가 보장되는 것은 아닐 것이다.

센텀시티의 미래

세상의 모든 아름다운 공간은 건축가나 행정가에 의해 계획적으로 만들어진 체계적이고 질서정연한 공간이 아니라 그곳에 사는 사람들

4) 존 어리, 『모빌리티』, 강현수·이희상 옮김, 아카넷, 2014, 144쪽.

에 의해 창조되고 시간이 흐르면서 자연스럽게 변형된 모습을 띤다.

센텀시티의 거주자, 센텀시티가 환영하는 VIP, 소비자와 여행객, 비즈니스맨 외에 센텀시티를 오가는, 보이지 않는 수많은 노동자와 이방인이 이 공간을 어떻게 경험하고 공간의 성격을 변형시키는지, 이들이 센텀시티의 질서정연한 체계의 틈 속에서 어떻게 움직이고 어떤 변화를 가져오는지 주목해 보는 것이 필요하다. 그들은 이 공간을 소유하지는 않지만, 이 공간의 성격을 계속 변화시킨다. 이들이 센텀시티에 틈입함으로써 센텀시티라는 매끈한 정체성에 균열이 생긴다. 앞서 언급했던 지하의 식당처럼 센텀시티라는 동질적인 공간에 센텀시티가 아닌 것 같은 이질적인 장소가 만들어지는 것이다. 도시는 이처럼 도시계획가, 개발업자, 행정가, 자본가 등이 계산하고 그에 근거한 의도만으

센텀시티 벡스코 ©벡스코

로 설명되지 않는다. 오히려 도시를 이용하는 많은 사람이 이 공간을 자기식으로 해석하고 전유하는 방식이 덧붙여져 도시가 만들어지는 것이다. 그래서 도시는 끊임없이 움직이고 변화한다. 센텀시티를 오가는 사람들은 센텀시티를 어떻게 인식하고 감각하고 이용하는지, 이런 이들의 움직임을 통해 센텀시티는 어떻게 변화되고 있는지 주의 깊게 살펴야 할 것이다. 바로 이들의 움직임이 센텀시티의 미래를 만들 것이기 때문이다.

인간이 사는 도시는 생명이 없는 상자도 아니고, 기하학적 공간도, 질서정연한 기계도 아니다. 인간 역시 규격화되거나 질서와 규칙에 딱 맞지 않는, 다양한 모습으로 비틀린 존재이다. 이런 각양각색의 개성을 지닌 인간들이 함께 살아가기 위해서는 도시에 열린 체계가 필요하다. 이것은 계획에 따라 단 한 번에 만들어지는 것이 아니다. 오히려 다양한 사람들이 협업, 소통, 협상, 이해의 과정을 통해 새로운 체계와 질서를 만들어 내고 또 수정하거나 폐기하기도 하고 또 새롭게 만들기도 한다. 극한의 환승역이 내는 수수께끼를 풀고 나온 후 마주하게 되는 센텀시티가 역사와 미래지향적 첨단 기술, 매력적인 문화예술과 일상, 인간적 품격과 윤리가 서로 잘 어우러진 도시의 모습을 보여줄지 지켜볼 일이다.

사상역

아우름과 어울림의 장소

전성욱

사상역

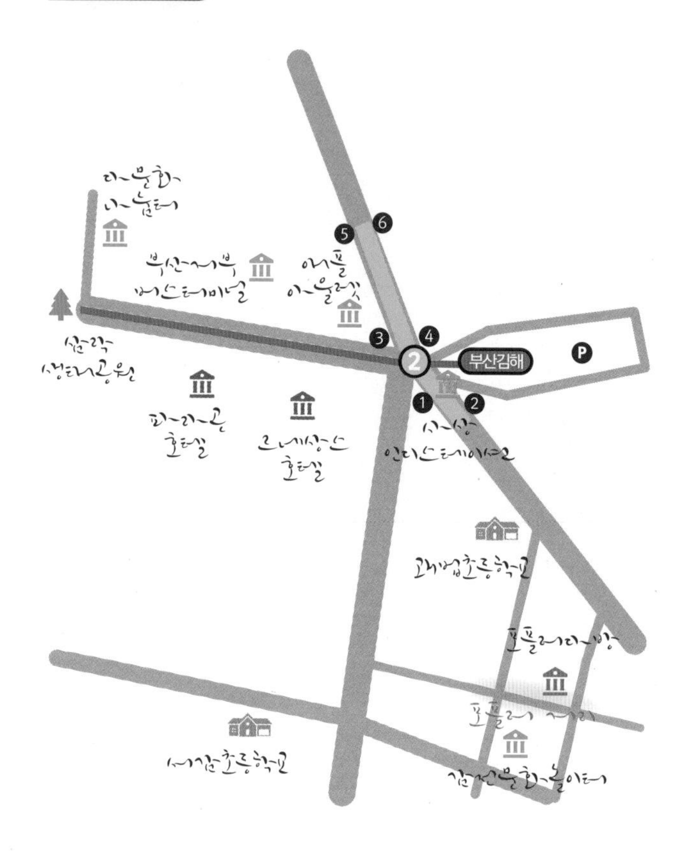

전성욱 교수

진부함을 용납하지 않는 무릎씀의 결기를 중시한다.
그 결기를 통해 고유한 것들과의 충돌 속에서
보편의 지평에 닿을 수 있기를 희망한다.
동아대학교 한국어문학과에서 학생들을 가르치고 있으며
문학평론가로도 활동하고 있다.

환승역은 이합집산의 고리가 되는 장소이다. 그러므로 환승역은 아무 데나 만들어질 수 없다. 그곳이 환승역이 되기 위해서는 여러 갈래의 다른 길로 바꾸어 옮겨 갈 수 있는 요지(要地)의 길목이어야 하고, 그런 이동을 뒷받침하는 다양한 교통수단이 갖춰져 있어야 한다. 부산 도시철도 2호선의 사상역이 바로 그런 요건에 정확히 부합하는 곳이다. 부산 도시철도 2호선은 1999년 6월 30일에 호포에서 서면(환승)에 이르는 노선으로 처음 개통되었다. 이후 노선을 계속 연장해 오면서 지금은 장산(부산)에서 양산(경남)을 잇는 긴 구간으로 자리 잡았고, 2024년에는 양산종합운동장역이 개설될 예정이다. 2호선 사상역은 양산에서는 16번째, 장산에서는 26번째 역으로 자리하고 있다. 여기에 부산과 김해 사이를 잇는 경전철 환승센터가 개통한 것은 2011년 9월 11일이다.

지역과 지역을 잇는 연결고리, 사상

사상은 낙동강을 낀 넓은 평야가 형성되어 있어 예로부터 사람의 생존과 생활에 적합한 지리적 이점을 갖고 있었다. 동래부의 아홉 개 면 중의 하나로서 '사상(沙上)'이라는 지명이 '사하'와 함께 등장하는 것을 『동래부사례(東萊府事例)』(1868)라는 문헌을 통해서 확인할 수 있다. 19세기에 나온 몇몇 문헌들을 참조하면, 지금의 사상은 18세기 전반에 사천면(沙川面)을 이루는 상단(上端)과 하단(下端) 중에 상단을 이루는 곳이었음을 알 수 있다. 이것이 일제의 행정구역 개편에 따라 1914년 동래군 사상면으로 편제되었고, 1963년에는 부산시로 편입되었다. 감전동, 괘법동, 덕포동, 모라동, 삼락동, 엄궁동, 주례동, 학장동이 지금의 사상구를 이루고 있다.[1] 그 지명에서 드러나듯 사상은 낙동강의 퇴적된 모래톱과 관련이 있는 만큼, 무엇보다 강과 평야의 지리적 조건이 특징적인 곳이라고 할 수 있겠다. 그래서 낙동강 건너 김해의 넓은 평야 지대와 서부산을 이어주는, 요컨대 경남과 부산을 연결하는 교통의 주요 고리 역할을 맡아왔던 곳이 바로 사상이다.

고층 아파트로 둘러싸인 부산서부시외버스 터미널

1) 부산광역시사편찬위원회,『부산지명총람(제6권)』, 부산광역시, 2000, 194-196쪽

사상에 시외버스 터미널이 위치하게 된 것도 이러한 입지 조건을 고려한 결과이다. 1960년 부산역 인근 범일동에 자리했던 시외버스 터미널 중 고속버스는 온천장을 거쳐 노포동으로 이전했고, 나머지 기능과 역할을 대신할 신축 터미널은 1985년 육각형의 특이한 건물 구조를 갖추고 사상에 세워졌다. 그렇게 사상은 전국 각지와 연결되어 엄청난 유동 인구가 오가는 부산의 교통 요지로 자리 잡았다.

전남 순천과 부산을 연결하는 남해고속도로의 제2지선이 냉정분기점으로 연결되는 곳이 사상이라는 점도 중요하다. 이 길을 따라서 시외곽의 경남과 전라도 각지로 뻗어나가며 또 내부로는 동서고가도로와 연결되어 동부산(해운대, 기장)과 서부산(사상)을 잇는다. 이와 함께 동서고가도로 일부 구간을 철거하여 도시 미관을 개선하는 한편, 사상과 해운대 간 대심도 지하 고속도로를 건설함으로써, 부산과 울산을 잇는 동해고속도로를 남해고속도로 제2지선과 연결하는 사업이 추진되고 있다. 이렇게 되면 부산의 동서 간 이동이 30분대로 단축되는 것은 물론, 김해공항에서 해운대와 부산항을 오가는 통행비용과 시간을 획기적으로 절감해서 인적 물적 교류의 혁신을 가져올 것으로 예측된다. 서부산의 관문 역할을 하는 교통상의 이점은, 강 건너에 인접해 있는 김해공항과 결합되어 그 역할이 더욱 확장되었다. 부산과 그 인근 지역의 항공 수요를 담당하는 김해공항은, 동남권 지방이 세계의 다른 나라들로까지 연결될 수 있는 긴요한 역할을 담당하고 있다. 대중교통으로 김해공항을 이용하는 사람들은 대부분 먼저 시내버스나 시외버스, 택시나 지하철을 타고 사상에 도착한 다음, 환승역 센터를 통해 경전철로 갈아타고 공항으로 간다.

사상역 경전철

경전철을 타면 공항은 사상(서부터미널)에서 세 번째 역으로 십 분이 채 걸리지 않는 가까운 거리다. 건설이 예정된 가덕 신공항이 개항할 때도, 지금 사상이 맡고 있는 공항수요를 연결하는 환승역의 기능은 줄어들지 않을 것이다. 곧 개통이 될 부산 도시철도 5호선으로 사상-하단이 연결되면, 역시 개통이 예정되어 있는 하단-녹산선과 이어져 가덕 신공항에 도달할 수 있기 때문이다. 이와 더불어 지금은 부산과 동대구, 대전을 운행하는 무궁화호의 일부만 정차하고 있지만, 1921년에 문을 연 경부선 철도 사상역이 한 때는 사상공단의 성장과 더불어 물류 운송에 큰 역할을 떠맡았던 역사도 기억해 둘 필요가 있겠다. 이처럼 사상은 부산의 동서를 연결하는 한편, 서부산의 관문으로서 서부경남 및 전라도로 통하고, 인근 김해공항의 하늘길로 국내외의 장거리를 이동하는 데 여러 편의를 제공하고 있다. 그러므로 사상역이 맡고 있는 교통상의 기능과 역할은 다른 여러 환승역들의 그것을 압도하고도 남는다고 할 수 있을 것이다.

지하철 사상역 전경

환승역은 지하철, 버스, 택시, 승용차 등의 원활한 연계 환승을 지원해야 하는데, 지하철 사상역은 교통시설 간의 편리한 환승을 위해 입출입구의 위치를 효율적으로 선정하고, 엘리베이터, 에스컬레이터, 무빙워크 등의 제반 설비를 잘 갖추고 있다. 지하철역에서 내려 곧바로 '애플아울렛'을 가로질러 시외버스 터미널로 통하는 출입구가 마련되어 있다. 그리고 '애플아울렛' 부속 주차장과 인근에 부산시설공단이 운영하는 공영주차장이 갖추어져 있어 승용차를 이용하는 사람들의 편의를 돕는다. 지하철 역사에서 김해를 오가는 경전철 역으로 통하는 동선은 행거형, 벽면형, 기둥형, 바닥 방향 표지형 등의 각종 시각 기호들을 통해 적절하고 명료하게 유도되고 있을 뿐 아니라, 무빙워크 등의 설비들을 통해서 빠르고 안전한 이동을 보조한다. 그럼에도 고령층에게 환승의 체계는 복잡하고 혼란스럽게 여겨지는 것이 사실이고, 특히 시외버스 터미널을 통해 서부 경남의 농촌지역에서 방문하는 노인들에게 복합 이동 수단이 결합된 환승역의 동선과 그것을 이용하는 엄청난 인파는 말 그대로 정신 사나운 것으로 받아들여진다. 이런 난점을 해결하기 위해서는 앞으로 환승 도우미와 같은 환승지원 서비스가 창의적으로 고안되어야 할 필요가 있겠다.

교통 요지의 이점 덕분에 사상은 늘 엄청난 유동 인파로 출렁인다. 이와 같은 환승역의 공간적 조건은 주변 역세권의 개발을 추동하는 요인이 되어 상업, 업무, 문화를 활성화하는 역할을 하기도 한다. 사상역을 중심으로 그 주변은 버스 터미널과 인근의 공항에서 유입되는 여행객들을 위한 숙박업소와 식당 및 유흥업소들이 즐비하다. 대형 숙박업소로는 '파라곤 호텔'과 '르네상스 호텔이' 쌍벽을 이루는데, 특히 1993년에 영업을 시작하여 오랫동안 서부산 유일의 성급 호텔로 비즈니스 관련 여행자들의 쉼터 역할을 해온 '파라곤 호텔'이 유명하다. 1970년대에 윤수일과 함께 혼혈 가수로 이름을 떨치며 그룹사운드를 이끌었던 함중아가 이 호텔의 나이트클럽을 운영하며 직접 무대에 올라 공연을 펼치기도 했다. 이 외에도 시외버스 터미널 주변으로 크고 작은 호텔과 모텔들이 밀집되어 성황을 이루고 있다. 그리고 숙박촌 주변에는 다양한 음식점과

파라곤 호텔

주점들이 자리 잡고 있는데, 뜨내기 유동 인구뿐 아니라 사상공단과 인근의 서부산 유통단지에서 일하는 사람들이 일과를 마치고 그 식당들과 유흥업소에서 하루의 피로를 떨쳐낸다. 그러니까 사상에 유흥업소들이 성행하는 것은, 공단의 도시인 창원 성산구에 유흥업소들이 밀집해 있는 것이나, 녹산공단과 함께 다대와 장림의 무지개 공단을 가까이에 끼고 있는 하단에 유흥업소가 모여 있는 것과 같은 맥락에서 이해할 수 있을 것이다. 이처럼 사상의 역세권을 적극 활용함으로써 환승역을 매개로 유동하는 사람들을 흡수하고 주변의 상권을 활성화하는 것은, 이 지역의 경제와 문화를 역동적으로 만드는 데도 중요한 기여를 하고 있다고 볼 수 있겠다.

시외버스 터미널 인근 유흥가. 성매매 단속 문구가 인상적이다

공업지역에서 스마트시티로

산업화 시기 사상공단의 성장과 함께 사상구 감전동에는 일명 '포푸라마치'로 불리는 퇴폐적인 성매매 업소들이 밀집해 있기도 했다. 그 이름에서 짐작할 수 있듯이 이곳은 일제강점기를 전후로 한 시기에 조성되었던 포플러나무 거리와 관련이 있으며, 여기에 노동자나 군인들이 찾던 주색가가 들어서면서 충무동의 완월동, 해운대의 609와 더불어 이른바 부산의 3대 집창촌으로 불리기도 했다. 그러나 단속 법령의 정비와 더불어 사회적 인식의 변화와 함께 퇴폐업소들이 하나둘 사라지게 되었고, 그 자리에는 '포푸라 맞이마을', '포플러 거리', '포플러 다방'과 같은 다양한 문화시설이 채워지게 되었다. 하지만 이 지역의 슬럼화를 방지하기 위해 전개하였던 도시재생사업은, 주민들의 바람과 유리된 관 주도의 사업들이 으레 그러하듯이, 시민들의 호응을 거의 얻어내지 못하고 결국은 예산만 허비한 채 실패하고 말았다. 이처럼 사상은 산업화시대의 어느 한 때에는 음침한 풍속으로 세를 누리던 곳이었지만, 시대의 변화에 밀리면서 이 일대 건축물들의 노후화와 주민들의 노령화와 더불어 거리는 활력을 잃고 황량하게 변해버렸다. 그러나 정부가 국책사업으로 추진하는 산업단지 재생사업의 일환인 '사상 스마트시티'의 조성이 시작되면서, 앞으로 사상구의 감전, 학장, 주례 일대가 다시 활기를 되찾고 주민들의 생활환경이 크게 개선될 수 있을 것으로 기대를 모으고 있다.

한때 사상은 섬유, 신발산업의 중심 지구였으며 서부 경남권의 농촌 인구를 노동력으로 받아들여 산업화시기 대한민국의 개발근대화에 한 역할을 담당했다. 1970년대에 낙동강의 저습지대를 개간하여 본격적으로 개발된 사상공단은, 조립금속 및 기계장비, 섬유 업체 등 지금도 이천여 개의 공장들이 입주하여 활발하게 운영되고 있다. 엄밀하게 개념을 정리하면 사상은 '공업단지'가 아니라 '공업지역'이다. 공업지역은 공업 증진을 목적으로 지정된 곳으로 공장과 관련이 없는 시설은 허가가 되지 않는다. 반면에 공업단지나 산업단지는 제조업체와 관련된 기반 시설은 물론 주거나 복지, 문화까지 포괄하는 보다 확장된 개념이다. 이런 엄격한 개념 구분은 사람들이 흔히 사상공단이라고 부르고 있는 그 관습화된 명명이나 인식과는 거리가 있다. 이러한 엄격한 개념 구분은 공단의 노후화로 인해 정부와 시 당국을 주체로 한 개발 정책이 입안되면서, 부산의 산업단지를 거시적이고 종합적인 차원에서 관리하는 한편, 노후 공업지역의 설비를 재정비하고 첨단 산업을 새롭게 유치하여 지역경제를 발전시키기 위한 전략 수립의 필요성에서 비롯된 것이라고 여겨진다. 과거 국가와 지역경제 발전의 일익을 담당했던 사상공단은, 시대의 흐름에 따라 산업구조가 재편되면서 그 흐름에 뒤처진 낙후한 업종이 늘어나게 되었고, 경영에 어려움을 겪는 영세한 업체들과 심지어 도산하는 업체가 생겨났다. 도시화가 진행되면서 공단 주변에 주택과 편의시설들이 들어서게 되었고, 이에 따라 소음과 공해, 안전사고 등의 문제들까지 부각되면서 각종의 민원이 그치지 않는 곳이 되어버렸다. 한마디로 산업화시대에 중소 제조업이 약진하는 핵심지역으로 각광을 받았던 사상은, 지금의 탈산업화시대에 이르러 일종의 천덕꾸러기 신세가 되어버린 것이다. 예비타당성 조사를 통과하고 본격적인 추진을 앞둔 '사상 스마트시티' 사업은, 바로 이 같은 사상공단의 제반 문제들을 해결하기 위한 적극적인 정책적 개입이라고 할 수 있을 것이다.

사상역 인근을 거닐다 보면 쉽게 만나게 되는 이들이 사상공단에서 일하는 이주노동자들이다. 사상역에서 삼락공원으로 가는 길에는 '홈플러스'와 '이마트' 두 개의 대형매장이 나란히 영업하고 있는데, 그 앞의 넓은 공터에서 외국인 노동자들이 서로 대화를 나누고 있는 장면을 자주 볼 수 있다. '이마트' 바로 옆에는 인도 음식점이라든지, 현지의 식자재들을 판매하는 곳이라든지, 다문화가족 지원센터 같은 것들이 자리하고 있다. 오랫동안 노동력 송출국이었던 한국은 1990년대로 접어들면서 노동력을 수입하는 국가로 전환하게 되는데, 그 이후부터 동남아시아나 중앙아시아의 저임금 노동자들이 대거 유입되었다. 탈

다문화 특화거리 푯말

냉전과 세계화의 흐름 속에서 국경을 넘는 일은 세계적인 현상이 되었다. 한국에서도 결혼 이주 여성이나 탈북자들의 존재와 함께 외국의 노동력이 급격하게 밀려들어 왔다. 이들은 모두 보다 나은 삶을 위해 국경을 넘어서 입국한 것인데, 당시 한국은 그런 상황에 응대할 제도와 정책이 미비했을 뿐 아니라 업체들 역시 제대로 된 준비 없이 그런 상황에 맞닥뜨리게 되었다. 그래서 입국자들 혹은 이주민들의 인권 유린과 같은 문제가 사회적인 이슈로 부각되기도 했다. 이주노동자의 문제는 영화나 문학의 주요 주제가 되었고, 한국사회가 풀어나가야 할 중대한 과제가 되었다. 1993년에 시행된 '산업연수생제도'는 저임금이나 임금체불, 불법 체류자 양산 등의 여러 구조적 한계를 갖고 있는 미비한 정책이었기 때문에, 그러한 문제들을 보완하기 위해 2004년 '고용허가제'가 도입되었다. 이를 통해 초기의 많은 문제가 상당히 개선할 수 있게 되었지만, 여전히 미진한 점을 지적받고 있다.[2] 같은 맥락 안에 있는 부산의 이주노동자들도 여러 어려움 속에서 한국에서의 생활을 이어가고 있지만, 부산의 시민들과는 철저하게 유리된 채 노동의 일상을 살아가고 있다. 이주노동자들을 비롯한 이주자들과의 사회·문화적 소통과 교류를 활발하게 끌어내기 위해서는, 사람들의 인식 변화와 함께 행정적 제도의 획기적인 개선이 요청된다. 환대의 문화가 깊게 뿌

2) 부산시에서도 나날이 증가하는 이주민에 대한 대응을 위해 나름의 행정적 지원을 하고 있다. 조례 제정을 비롯해 다문화가족지원센터와 부산외국인근로자지원센터, 글로벌센터를 운영하고 있다. 그러나 부산시의 이주민 정책은 장기적이고 종합적인 기본계획 없이 중앙정부의 지원계획을 반영하여 매년 시행계획만을 수립하고 운영하고 있다. 그래서 부산의 특수한 현실을 고려하지 않고 주로 결혼이주민에 편중된 정책을 전개하고 있다. 부산지역의 이주노동자에 대한 부산시의 정책 실태에 대해서는 이인경 유선경, 『부산지역 이주노동자 인권현안과 정책제언을 위한 연구』(부산연구원, 2020) 참조.

리 내려서 그런 교류가 모두의 삶을 풍요롭게 하는 창조적인 융합으로까지 이어진다면 좋을 것이다. 사상의 곳곳에서 끼리끼리 모여 있는 이주노동자들의 모습이, 더 이상은 우리들의 풍경 속에 낯설고 이질적인 것으로 여겨지지 않기를 바란다. 오히려 그들과 함께함으로 해서 지금의 사상이 더욱 특별하고 살기 좋은 곳으로 여겨지기를 바란다.

어느 곳에서나 새롭게 이입되는 것이나 새로 생겨나는 것이 있고, 또 밀려나거나 사라지는 게 있기 마련이다. 그 어느 곳보다 사람과 물류가 들고나는 것이 활발한 사상은, 그야말로 역동적인 유동의 공간이라고 할 만하다. 한때 낙동강의 하류인 사상과 사하 일대는 섬진강과 함께 재첩의 고장으로 불렸다. 그 시절 부산 곳곳의 새벽 골목길에서는, 무거운 양철 동이를 머리에 이고 '재치국(재첩국) 사이소~'를 힘차게 외치는 아주머니들을 쉽게 만날 수 있었다. 뽀얀 국물의 감칠맛은 분주한 식구들의 아침 식사를 든든하게 했고, 전날 과음을 한 아버지들의 껄끄러운 속을 시원하게 풀어주었다. 특히 민물과 바닷물이 만나는 기수역 때문에 낙동강 하류의 재첩은 다른 곳에서 나는 것과는 달리 색이 조금 검었고, 그래서 따로 '기수재첩'이라고 불리기도 했다. 1970년대만 하더라도 감전동의 길가에는 재첩 껍데기가 널려 있었고, 마치 연탄재로 그랬듯이 비포장도로의 움푹 파인 곳을 그것으로 메우기도 했다고 한다. 하지만 하단과 을숙도 사이에 수문이 생기면서 수질이 급격하게 나빠지고, 결국은 낙동강 재첩의 명성도 사라지고 말았다. 그리고 손님들의 발길이 끊이질 않던 그 많던 재첩국 식당도 모두 사라졌다. 그럼에도 문화적 기억에 기대어 여전히 그 명맥을 이어가는 몇몇 식당이 남아 있다. '할매재첩국'이나 '삼락재첩국'과 같은 식당들이 블로그나 이런저런 곳에서 맛집으로 알려져 있다. 재첩국, 재첩회, 재첩비빔밥과 같은 메뉴들이 인기라고 한다. 물론 그 재첩은 낙동강의 자연에서 가져온 것이 아니라 외지에서 사들여 온 것이다. 자연 생태계는 급변했어도 이처럼 문화적 기억의 힘은 끈질기게 잔존해 있다.

변화한 것과 변화하지 않은 것

불과 몇 년 전까지 사상역 주변, 그러니까 사상에서 괘법으로 통하는 경전철 교각 아래에는 포장마차가 즐비했다. 가설 주점 특유의 운치를 느끼며 비교적 값싼 안주와 함께 술을 마실 수 있다는 것이 매력이었다. 늦은 저녁 한산한 도로를 오가는 자동차들의 소음과 길 건너로 보이는 각종 음식점들의 불빛이 여타의 술집들과는 또 다른 은근한 분위기를 연출했다. 그러나 술꾼들의 그런 낭만이나 장사하는 분들의 이해관계와는 다른 차원에서, 그곳을 생활의 터전으로 하는 주민들에게 제대로 된 매장을 갖추지 않은 포장마차는 소음과 노상 방뇨 등으로 항의와 민원의 대상일 뿐이었다. 결국 포장마차가 즐비했던 자리는 테마거리와 도심공원으로 조성되었는데, 그 과정에서 단속과 철거를 집행하려는 구청과 노점상인들 간의 충돌과 갈등이 오래 지속되기도 했다. 닭갈비나 고갈비를 굽는 냄새로 가득했던 곳이 깔끔하고 그럴듯한 외양으로 단장되어, 산책을 즐기는 시민들이 즐겁게 보행하는 통로가 되었다. 그렇게 조성된 테마거리는 사상역이나 시외버스 터미널과 삼락생태공원을 오가는 사람들이 주로 이용하는 쾌적한 이동로 역할을 하고 있다.

포장마차 거리의 철거처럼 도시의 개발은 기존에 자리 잡고 있었던 것들을 없애버리고, 그곳에 전혀 다른 풍경을 이식하기도 한다. 시외버스 터미널 주변에는 그 막대한 유동 인구를 대상으로 숙박시설을 비롯해 음식점과 주점 등 상권이 밀집해 있다. 터미널 맞은편에는 오랫동안 자그마한 규모의 두 편 동시상영 영화관이 있었는데, 이곳을 두고 게이들이 짝을 찾는 곳이라느니 하는 풍문들이 있었지만, 정확한 사실 여부는 알 수가 없다. 아무튼 사상은 그런 곳이다. 유동의 익명성 속에 누구든 섞여 들 수 있는 그런 곳. 영화관이 사라진 자리에 지금은 DVD방과 술집이 영업하고 있다. 그리고 부산을 오가는 시내버스 이용객들이 차 시간에 맞춰 서둘러 식사를 해결하는 곳으로 터미널 앞에는 오랜 전통의 국밥집이 여럿 자리하고 있다. '밀양국밥'과 '부전돼지국밥'이 대표적으로 오래된 집들이다. '파라곤 호텔' 근처에 있는 '합천일류돼지국밥'이나 '최뼈따구'는 매장이 넓어 쾌적할 뿐 아니라, 기름기 진득해서 걸쭉한 국밥과 해장국은 술 한잔하기에 맞춤인 곳들이다. 촉박한 차 시간에 후딱 식사를 해결할 수 있는 곳으로 젊은 층에서는 주로 패스트푸드점을 이용하는데, 터미널 바로 옆에 써브웨이, KFC, 롯데리아, 버거킹과 같은 프랜차이즈 가게들이 몰려있다.

사상역 주변의 상권은 자그마한 몇몇 점포들의 업종전환을 빼고는 별다른 변동이 없이 그 모습 그대로 이어져 오고 있다. 시외버스 터미널과 연결된 쇼핑센터인 '애플아울렛'이 2003년에 문을 연 것이 큰 변화라고 한다면 변화라고 할 수 있겠다. 지하철 2호선 사상역의 지하 역사에서 바로 '애플아울렛'으로 통하는 입구로 진입할 수 있다. 그 길이

애플 아울렛

터미널로 연결되어 있어서 지하철과 시외버스를 갈아타는 승객들의 주요 환승 통로 역할을 맡고 있다. 아울렛에는 의류, 신발 등 다양한 패션 브랜드의 매장들이 입점해 있고, 카페와 식당가, 영화관까지 갖추고 있어 인근의 주민들과 사상을 찾는 일반인들은 물론, 환승객과 시외버스 이용객들이 차 시간을 기다리며 여유롭게 시간을 보낼 수 있다. 지하철역에서 에스컬레이터를 타고 지상으로 나오면 곧바로 시내버스 정류장과 택시 승강장으로 이어진다. 지하철, 터미널, 경전철은 물론이고 시내버스와 택시에 이르기까지 교통수단이 서로 적절하게 연계되어 있고, 여기다 주차장과 상업시설 등이 효율적인 동선으로 잘 갖추어져 있다. 그런데 터미널 주변, 특히 숙박시설이 몰려 있는 골목길 안쪽으로는 엄청난 수의 흡연자들이 담배 연기와 가래침을 내뱉고 있는 장면을 쉽게 목도할 수 있다. 여기다 아무렇게나 버려진 꽁초들까지도 장소의 미관을 해친다. 흡연에 대한 사회적 인식이 각박해지면서, 흡연자들의 욕구를 충족시켜 줄 만한 깔끔한 편의시설을 갖추는 데는 인색한 분위기이다. 버스터미널과 같은 공공시설물에, 흡연자와 비흡연자가 서로 만족할 수 있는 적절한 서비스가 필요해 보인다.

다양한 문화공간이 만들어지다

서부산은 동부산에 비해 문화적인 혜택을 덜 받는 일종의 소외지역이었다. 이런 인식이 널리 공감을 얻어서 마침내 사상역 인근의 덕포동에 '부산도서관'이 건립되었다. 도서관의 입지를 두고 접근성이 낮다고 말을 하는 사람들이 있었는데, 그것은 그네들의 자기중심적 관점에서 그러한 것일 뿐이다. 사상에 사는 사람들에게 '영화의전당'은 접근성이 낮지만, 그것을 탓하는 사람은 거의 없다. 접근성 운운하는 이들의 걱정과는 달리 부산도서관은 언제나 이용객들로 북적인다. 그동안 공공시설의 혜택을 제대로 받아본 적 없는 서부산의 시민들이, 훌륭한 건축에다 인테리어와 기자재들을 잘 갖춘 도서관에서 평화롭게 독서에 빠져 있는 모습을 보는 것은 흐뭇한 일이다. 도서관을 대중들을 위한 궁전이라고 했던 앤드류 카네기의 명언처럼, 그 모습을 지켜보면 도서관의 공공성과 가치에 대하여 새삼 다시 생각해 보게 되는 것이다.

2013년 부산문화재단에서 사상역 인근에 컨테이너 27개로 지은 지상 3층 규모의 '사상인디스테이션(Container Arts Terminal; CATs)'을 만들었던 것도, 침체되어 있었던 서부산의 문화적 부흥을 위한 하나의 노력이었다. 노후화와 노령화의 이미지가 강한 사상에, 사상 인디스테이션이라는 공간을 개방하여 청년들이 그들의 인디 문화적 상상력을 마음껏 펼쳐나갈 수 있도록 한 것은 참신한 시도였다. 경전철 사상역 아래의 빈 공간을 컨테이너를 이용한 문화공간으로 개조하여 청년 예술가들의 다양한 활동을 전시하고 공개할 수 있게 한 것이다. 인디밴드의 공연 무대인 '인디워홀', 청년예술가가 주도하는 문화예술 교육사업 '개수작'을 비롯해, 스트리트 문화를 활성화하기 위해 도입한 댄스배틀 'D.O.C.(Dance on the CATs)와 같은 여러 프로그램들이 계속해서 기획되고 있다. 앞으로도 사상의 문화적 특수성을 반영하여, 다문화의 현실 및 인종과 세대를 아우르고, 주민들

사상 인디스테이션

과 공단의 노동자들이 참여하여 같이 함께 할 수 있는 예술의 실험들이 시도되기를 바란다.

많은 유동 인구와 번화한 상권이 밀집한 사상역에서 낙동강 쪽으로 눈을 돌리면 또 다른 풍경이 펼쳐진다. 세속의 문명에서 지친 몸과 피로한 마음을 쉴 수 있는 곳이 바로 거기에 있다. 도시하천의 개발, 그러니까 2009년에 4대강 살리기 사업의 일환으로써 만들어진 낙동강변의 삼락 생태공원이 그것이다. 사상역에서 생태공원으로 통하는 길은, 사상역에서 괘법역까지 이어진 경전철의 교각 밑으로 조성되어 있는 테마 거리이다. 그 길을 따라 괘법역에 이르면, 르네시떼 옆으로 흐르는 자그마한 하천이 있다. 생활 오수의 악취를 걷어내고 시민들이 즐기며 활용할 수 있는 공간으로 탈바꿈하기 위해 큰 노력을 기울였지만, 아직 그 목적을 이루지 못한 것 같아 안타까움을 남긴다. 그 하천 옆을 지나 건널목을 건너면, 봄날의 만개한 벚꽃으로 유명한 강둑길이 나오는데, 평소에도 많은 주민들이 아침과 저녁으로 산책하며 운동을 즐기는 곳이다. 건널목 대신 괘법역에서 삼락공원으로 바로 연결되는 데크형의 공중 통로도 이용할 수도 있다. 공원에 이르면 도심에서는 만나기 어려웠던 거대한 녹지공간이 펼쳐진다. 내처 감전 야생화 단지까지 걸어가면 도도하게 흐르는 낙동강과 어우러져 천혜의 아름다움을 뽐내는 식물들이 다채롭다. 생태공원의 강변 끝에 이르러 그곳의 계류장에 정박되어 있는 요트들을 바라보면 그 풍경이 신선하고 이국적이다. 야구와 같은 스포츠를 즐길 수 있는 너른 운동장이 있고, 잘 정비된 캠핑장이 마련되어 있다. 사상역에서 거기까지 두 곳의 거리는 얼마 되지 않지만, 그야말로 사상역의 약동적인 소란스러움과는 완전히 구별되는 별세계가 거기에 있다.

당연한 말이지만 사상은 서면이나 동래가 아니고, 수영이나 해운대도 아니다. 사상은 정착하고 사는 주민들의 거주지이면서, 다른 곳으로 오가는 유동의 환승객들이 쉼 없이 들고나는 경유지이다. 그래서 이곳에는 오래된 것들과 새로운 것들이 서로 경합을 벌이면서 공존한다. 사상에는 그렇게 시대의 첨단을 받아들이면서도, 다른 한편에서는 오래 묵은 것들을 살뜰하게 간직한 장소와 사람들이 그 자리를 지키거나 버티고 서 있다. 그런 가운데 해운대로 연결되는 대심도 고속도로가 추진되고, 낙후한 공단을 재생시키는 스마트시티 구상이 실행을 앞두고 있다. 그야말로 개발의 파고가 이 오래된 유동의 공간으로 밀려들고 있다. 그저 사람과 장소가 훼손당하지 않기를 바랄 뿐이다. 오래전부터 사상은 옛것과 새것이, 여기 사람들과 저기서 온 사람들이 어우러져 살아갈 수밖에 없는 곳이었다. 환승역과 터미널이 있는 곳, 그렇게 유동의 인구들이 서로의 정체를 따지지 않고 섞일 수 있는 곳, 그것이 환대라고까지는 말할 수 없을지 모르지만, 아무튼 사상은 차별하지 않는 곳이다.

구포역

낙동강의 어제와 오늘, 내일을 실어 나르는 추억의 플랫폼

신미영

구포역

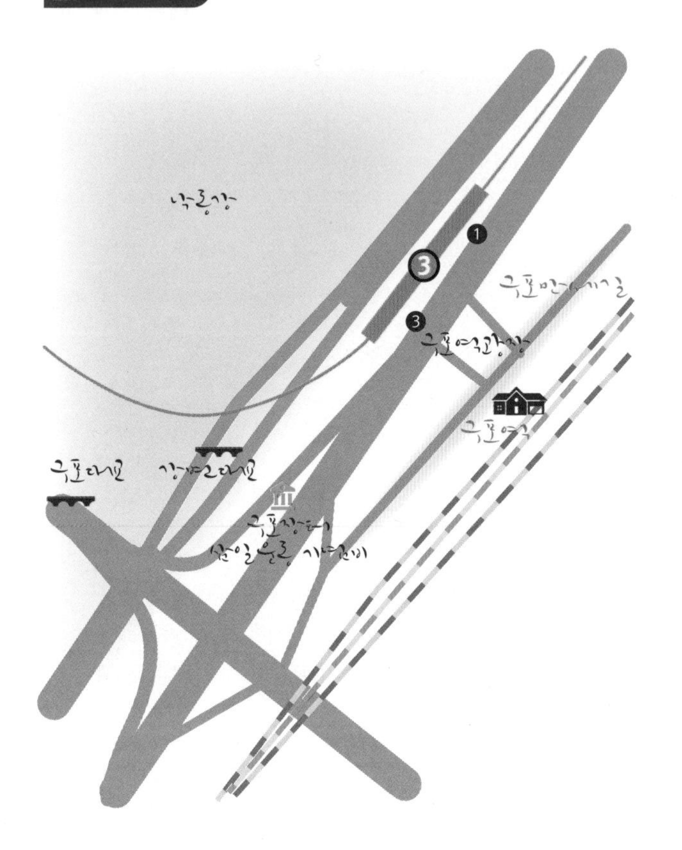

신미영 행복발전소 대표

온몸으로 세상을 익히고 느리게 걷는 즐거움과
식지 않는 호기심으로
지역, 사람, 문화를 탐구하는 공동체주의자

구포역(Gupo station, 龜浦驛)은 부산광역시 북구 구포동에 있는 도시철도 3호선의 전철역이다. 도시철도 3호선은 부산의 만덕동, 연산동 등의 만성적 교통 체증을 해소하고, 특히 상대적으로 소외되어 있던 강서지역을 도심과 직접 연결해 지역주민의 삶의 질을 향상시키기 위하여 2005년 건설되었다. 구포역은 낙동강을 지나기 전 마지막 역으로 다대포, 사상공단, 하단 등과 연결되는 거점의 역할을 한다. 그리고 경부선·KTX 구포역과 연결되어 부산 도심으로의 환승역으로서 역할을 하고 있다.

구포역은 강의 도시인 부산의 관점에서 유장한 낙동강을 가장 잘 조망할 수 있는 역이다. 또, 낙동강 하류 수상 물류를 중심으로 발전했던 상업포구도시인 구포의 다양한 이야기를 품은 역사·문화 플랫폼이기도 하다. 가족의 생계를 책임진 아지매들이 배와 딸기를 가득담은 광주리를 머리에 이고 "내 배 사이소!", "내 딸 사이소!"를 외치던 이야기, 구포다리(구포장교) 위의 가로등 전기요금을 강서와 구포 중 어디서 내야 하는가를 줄다리기로 정했던 믿기 어려운 이야기 등 숱한 이야기를 품고 있다.

가까운 미래, 2025년에는 3호선, 구포역사내 전망대에서 화명생태공원으로 연결되는 감동나루리버워크가 완공된다. 지하철에서 바로 낙동강으로 접속이 가능한 또 다른 길이 열려 '자연으로서의 환승역'으로 재탄생하게 된다.

강을 조망할 수 있는 역, 도시철도 3호선 구포역

낙동강은 발원지 태백산 황지못에서 시작되어, 흐르고 흘러 부산의 북구와 강서구, 사상구를 지나 사하구 다대포에 이르러 1300리(525km)의 여정을 끝내고 바다와 합류한다. 강은 모든 것을 품어 안고 흐른다. 우리의 삶의 여정처럼 생로병사의 순환 속에 희로애락을 품고 있다.

요즘 사람들은 강을 창을 통해 바라보는 풍경의 일부로, 요트나 조정, 카누 등 레저 스포츠를 즐기는 여가 공간으로 인식한다. 낙동강은 오랜 세월 동안 유역권 사람들의 생계의 현장이고 삶의 터전이었다. 즉 1980년 때까지 물류와 교통의 한 축으로, 어부의 일터로, 서부산권 시민들의 쉼과 위락(爲樂)공간으로 존재했다.

부산은 예로부터 산과 바다, 강이 아름다워 '삼포지향(三抱之鄕)'이라

구포역 앞_1970년

1970년 구포역 앞 ©부산시 북구청

불린다. 일상적으로 산과 바다 그리고 강을 만날 수 있는 도시, 부산은 그래서 참 매력적이다. 부산시민들은 대개 강보다는 접근성이 높은 바다를 여가를 즐기는 친수 공간으로, 추억을 소환하는 기억의 장소로 친근하게 여긴다. 그런데 서부산권과 지역적 연고가 없으면 감성적으로 혹은 정서적으로 낙동강과의 연결고리가 적다. 오히려 거리가 먼 한강을 더 친근하게 느끼는데, 매스미디어를 통해 낙동강보다 한강을 더 자주 접해왔기 때문일 것이다.

도시철도 구포역은 한눈에 조망할 수 있는 역내 전망대가 있다. 구포역에서 강서구청까지의 구간은 강의 도시에 사는 부산시민들이 강을 바라보기 좋은 곳이다. 도시철도 3호선 대저행 지하철은 덕천역에서부터 지상으로 탈출하여 종착지, 대저까지 지상으로 달린다. 덕천역에서 구포역까지 1.2km, 지하철은 지상으로 고개를 내밀어 달리다가 어느 순간 낙동강과 나란히 달리기 시작한다. 이어서 구포역을 통과하면 다음 역인 강서구청역까지는 낙동강을 가로질러 달린다.

도시철도 구포역 건물(역사)은 범선 모양의 돛대를 형상화하여 웅장한 이미지로 통유리를 사용해 만들었다. 구포역의 디자인은 항구도시 부산의 이미지를 잘 표현했다는 평을 받으며 제1회 대한민국 토목건축대상에서 우수상을 받기도 했다. 3층 대합실, 강변대로 방향에 낙동강을 바라볼 수 있는 전망대가 설치되어 있는데 여기에서 유유히 흐르는 낙동강을 바라보고 있노라면 세파에 찌들어 답답한 가슴이 시원하게 열린다.

김해에 사는 정혜경 님은 구포역(도시철도 3호선)을 자주 이용한다. 부산 쪽에 볼일을 보고 집으로 돌아갈 때 구포역(도시철도 3호선)에 하차해서 김해 가는 버스로 환승하기 때문이다. 그녀는 구포역에 대해서 이렇게 말한다. "역사 안에 낙동강을 조망할 수 있는 전망대가 있어요. 시간 여유가 있을 때는 그곳에서 한참 동안 낙동강을 보고 와요. 어느 때는 과거의 추억 속으로 가버려요. 구포도 그렇고 구포역도 그렇고 과거와 현재가 공존하는 곳이에요."

낙동철교 야경 ⓒ이정미

구포역을 출발하여 대저 방향으로 가는 지하철은 다음 역인 강서구청역까지 낙동철교를 따라 강을 건너면서 낙동강을 색다르게 조망할 수 있는 구간이다. 서울 지하철과 비교하자면 지하철로 한강 철교 위를 지나며 한강을 바라보는 느낌이랑 비슷한데, 강의 도시 부산에 살고 있음을 체감하게 한다. 낙동철교에서 도시철도 3호선 상·하행 열차가 규

구포 연결 육교 ©이정미

칙적으로 스쳐 지나는데, 소음이 크긴 하지만 강 위에서 반대 방향의 지하철을 보는 경험은 특별하다. 특히 야간에 열차가 교차하는 장면을 건너편 건물이나 구포역 연결 육교 위에서 보면 영화의 한 장면처럼 인상적이다.

구포역(KTX·경부선)과 구포역(도시철도 3호선), 그 사이

구포역(KTX·경부선)과 구포역(도시철도 3호선)은 100M 거리에 마주 보고 있다. 도시철도 구포역은 2005년 11월 28일에 3호선으로 개통했다. 도시철도 2호선 덕천역이 1995년에 개통했으니 10년 뒤이고 1905년에 개통한 철도역 구포역보다는 100년이 늦은 출발이다.

두 구포역 사이에는 왕복 10차로의 낙동대로가 가로막고 있다. 서로의 역으로 이동하는 가장 빠른 방법은 연육교를 통과하는 것이다. 도시철도 구포역이 개통되면서 놓인 연결육교(연육교)는 특이하게 광장형 육교이다. 일반적인 육교는 폭이 편도 1.5m 이상이 기준이라서 전체 폭이 3m 이상인데, 여기 연육교는 무려 폭이 20m이다. 애초부터 이동 통로만이 아니라 다양한 용도로 활용이 가능하도록 설계된 것이다. 그래서 이 연결육교 위에는 카페와 작은 정원 등 다른 육교에서는 찾아볼 수 없는 것들이 발견된다.

구포이음도시재생사업(2018년~)을 통해 탄생한 마을기업이 운영하는 빨간색 컨테이너의 카페 '구포유'는 구포역(도시철도 3호선)의 입구, 육교 위에 있다. 빨간색 컨테이너 카페의 양쪽으로 작은 정원과 쉬어 갈 수 있는 공간이 있다. '2020 공공미술 프로젝트'의 하나로 이은정 작가의 '안녕 구포' 포토존과 아트벤치가 설치되어 있어 쉼의 공간이 되기도 한다. 붉은 노을이 질 때 이 육교를 지나면 자신도 모르게 스마트폰을 꺼내 사진을 찍게 된다. 마을카페 옆 데크형 작은 무대에서는 가끔 버스킹이 펼쳐져 통행인의 발길을 붙잡는다. 구포역(도시철도 3호선) 전망대에서 화명생태공원을 연결하는 감동나루리버워크가 완공되면 이 육교의 쓰임은 더 다양해질 것이다.

구포역(도시철도 3호선) 건물은 다른 역과 달리 외관이 푸른 빛이 도는 통유리에 규모도 커서 구포역(KTX·경부선)과 혼동을 일으키게 한다. 그런데 승하차 인원을 비교하면 크기와는 반대로 구포역(KTX·경부선)이

훨씬 많다. 기차역 구포역은 경부선 KTX, 새마을, 무궁화 등 모든 기차가 정차한다. 30년 전에 지어져 전국 기차역 중에서 노후화가 심한 기차역으로 한국철도공사(코레일)의 숙원사업이었는데 2022년 7월부터 신축공사가 시작되었다. 신축 구포역은 약 320억 원을 투입, 4층 규모의 선상역사 형태로 지어지며, 오는 2025년 1월 완공을 목표로 한다.

구포역사(KTX·경부선) 신축공사를 바라보는 구포역세권 상인들의 시선은 반가움보다 불안함이 앞선다. 이로써 '경부선 철도 지하화 프로젝트'는 물 건너간 게 아닌가라고 전망하기 때문이다. 320억 원을 투입한다는 것은 지금처럼 지상으로 기차가 계속 다닐 것을 전제한다고 보는 것이다. 경부선 지하화는 경부선 철길을 끼고 있는 지역민들에게는 큰 희망의 이슈이다.

철도는 국토의 균형발전에 꼭 필요한 것이고 이용객 입장에서는 고마운 운송 수단이다. 그런데 구포 주민들은 철길로 한 마을이 두 개로 쪼개져 생활권이 단절된 채 오랜 세월을 보냈다. 경부선이 지하화되면 나눠진 양쪽 동네가 다시 이어지고 철길로 갈라진 마음도 봉합되리라고 본다. 거기에 폐선 철로와 역사를 시대 분위기에 맞게 새롭게 재생하여 침체의 늪에 빠진 구포지역에 신선한 바람을 불어넣기를 숙원하고 있다.

구포라 하면 현재 행정구역상 구포 1, 2, 3동이지만 역사를 100년 전으로 거슬러 올라가면 구포(감동포, 감동진, 구포나루)는 물류거점으로서 역할을 해왔다. 현재 부산시 북구에 구포, 덕천, 만덕, 화명, 금곡 이렇게 5개의 법정동이 있는데 1914년에서 1962년까지 약 50년 동안 경상남도 동래군 구포읍·면에 속해 있었다.[1] 이와 같은 배경으로 구포 원주민들은 '구포가 곧 북구이다'라는 생각을 하고 있기도 하다. 이런 속마음은 북구 명칭 변경이 이슈화될 때 '구포구'를 주장하며 드러났다. 그런데 다수 북구민들은 구포를 희망이 아닌 노후, 낙후의 이미지로 받아들이는 경향이 있다.

현재 구포역(KTX·경부선) 앞 광장과 만세거리 일원이 두 구포역을 아우르는 역세상권인데 기차와 지하철을 모두가 이용 가능한 상권 치고는 영 옹색하고 역세권이 좁다 못해 사실상 사방이 포위된 형국이다. 구포역(도시철도 3호선)만이 아니라 율리역, 동원역 등 낙동강 변에 있는 도시철도역의 주변은 거의 상권이 형성되어 있지 않은 공통점을 갖고 있다. 구포역(도시철도 3호선)은 양쪽으로 자동차들이 빠르게 질주하는 낙동대로와 강변대로를 끼고 있는 형편이라 다른 상가가 생겨날 수 없는 구조로 지하철 역사만 덩그러니 서 있는 모양새다.

구포역세권이라 하면 구포역(KTX·경부선)과 구포역광장, 구포만세길을 가리킨다. 소위 역전이라고 불리던 곳이 그러하듯 1990년대까지 번성과 번영을 누렸고 2010년을 기점으로 급속하게 노후지역으로 떨어졌다. 그래서 그 탈출구로 2018년 도시재생뉴딜사업에 신청 및 선정되어 여러 가지 변화의 시도를 하고 있다. 일단 구포만세길과 이면도로 350m에 전선지중화사업과 간판개선사업으로 거리가 뉴레트로 풍의 산뜻한 느낌으로 변신했다.

1) 『부산의 마이너리티 힘 - 부산진, 구포, 만덕』, 허정백 지음, 전망, 2022

구포역광장과 낙동대로를 낀 5층짜리 노후건물을 개축하여 층별로 다른 기능을 넣어 '구포청년센터[2] 감동'으로 재탄생했다. 교통 접근성이 좋아서 다양하게 활용되고 있고 이후에 지역 변화의 거점으로서 자리 잡을 것으로 기대를 모은다. 구포역광장을 사이에 두고 '구포청년센터 감동'의 맞은 편에는 청년창업점포, 스페인식당& 갤러리 프린체(Printez)가 기획 전시, 문화행사와 함께 새로운 식문화를 만들어 가고 있다. 그 위층에는 도시재생사업과 무관하게 구포지역의 전통 민속문화를 전승·보급하는 낙동국악예술원이 덕천동에서 이전 입주하여 구포역광장을 문화광장으로 가꾸는 데 한몫을 해내고 있다.

구포청년센터 감동 외관

구포만세길로 접어들면 구포수제맥주 등 부산의 수제맥주를 취급하는 밀당브로이가 자리하고 있고, 마을기업 '구포유'가 위탁 운영하는 구포국수체험관이 국수만들기 등 밀(Wheat) 종합체험을 특화하여

2) '부산시 북구 낙동대로 1694번길 4'에 있다

구포국수 체험관

더디지만 꾸준한 성장세를 걷고 있다. 구포이음도시재생사업으로 증·개축한 문화예술플랫폼은 구포역세권으로 사람을 불러들이는 원심력을 발휘하며 로컬문화예술거점으로 우뚝 서 있다. 그 맞은 편에 위치한 창업점포, 제과점빵은 늘 그곳에 있었던 가로경관의 일부처럼 자연스러운 외양을 하고 건강빵 매니아층을 흡수하고 있다. 체류형 관광을 끌어낼 목적으로 지상 5층 규모의 객실 12개를 보유하게 될 'Good for 스테이' 게스트하우스[3](규모로 구분하면 호스피텔)가 2023년 말 준공을 목표로 신축 중에 있다.

3) '부산시 북구 구포만세길 121'에 있다

근대의 핫플레이스, 감동포(구포의 옛 지명)

과거의 영광을 운운하는 게 현재의 퇴색을 웅변하는 것 같지만, 구포는 여러 측면에서 근대시대의 핫 플레이스로 평가할 만하다. 그러한 역사는 현재의 구포를 이해하는 데 꼭 필요하다. 그 이야기의 전제는 구포가 감동포, 감동진, 감동나루[4]로 불리던 포구를 중심으로 한 상업물류도시의 위상이다. 이는 1912년 6월 최초의 민족계 은행인 구포은행이 부산포가 아닌 구포에 탄생한 사실에서도 드러난다.

낙동강은 북으로는 안동, 남으로는 남해 연안까지를 물길로 이어주는 주요 수송로였다. 따라서 조선 후기 국세로 받은 나락을 보관하는 창고인 '감동창'이 감동포에 만들어진 것은 자연스럽다. 물길을 따라 흘러든 각지의 물산은 구포(감동나루, 감동진, 감동포)를 거쳐 내륙으로 들어갔고 개항 이래 바다 건너 부산으로 수입된 물건들도 강물을 통하여 각 지방으로 운반됐다. 낙동강 수운의 나들목이었던 구포(감동나루, 감동진, 감동포)는 일찍부터 객주업이 발달하여 조선 말에 이미 상당히 번창해 있었다.

4) '감동포'와 '감동진'을 혼용하여 사용한다. 둘 다 '나루'라는 우리말에서 나왔다. 후대로 내려오면서 사회가 복잡해짐에 따라 나루도 그러한 현상의 영향으로 세분되어 한자로 표기되었다. 일반적으로 나루라 함은 한자로 도(渡), 진(津)이라 한다. 이보다 큰 것을 포(浦)라 한다. 대규모의 바다 나루는 항(港)이라 한다. 그 중에서 중요한 강이나 바닷목에 군사시설을 설치하고 군대가 주둔하면서 지키는 것을 진(鎭)이라 하기도 하였다. 특히 큰 강 하구나 바다 항구에는 포(浦)를 주로 사용했다. 단순히 사람과 물건을 나르는 것 이상으로 보다 다양한 용도로 사용했다. 나루를 이용하는 배의 종류도 상선, 군선, 어선, 여객선, 화물선 등 다양했다. 부산시 북구 주민들은 대개 '감동진'으로 알고 있고 또한 그렇게 부르고 있다. 그러나 옛날에는 이 지역을 감동포라고 불렀다. 감동포와 감동진의 사용빈도로 보면 '감동포'란 지명이 실록, 고지도, 난중일기 등 더 많이 언급된다. 그런데 양산군지(1899년)에 '감동진은 구포이다(甘同津 一名 龜浦)'라는 설명에서 등장한다. 이를 인용하여 감동진으로 표기하는 경향도 있다. 참고로 포가 진보다 더 큰 개념이다.(김정곤(낙동문화원 향토사연구위원) 제공)

1905년 경부선 구포역이 개통되면서 구포(감동포)는 낙동강을 중심으로 한 수상 물류와 기차가 중심이 되는 육상 물류가 동시에 이뤄지며 정미업과 제분업 등이 번창하는데, 그 배후에 구포장이 있기에 사람과 물자가 풍부한 상업도시로 발전할 조건들을 모두 갖춘 것이다. 또한 백성들의 의식도 높아서 사회·문화적으로 성숙한 지역이었을 것으로 여러 역사적 사실들로 추측된다.

1905년 을사늑약(을사조약) 이후 나라를 다시 찾기 위한 운동으로 '백년대계인 민족교육'이 주창될 때 이곳에서 화명학교(1908년)와 구명학교(1907년 현 구포초등학교)가 세워진다. 두 곳의 민립(사립)학교는 이후 '구포장터 만세운동'의 중요한 인적 자원을 키워내는 산실이 된다. 당시 경성의전에 다니던 양봉근[5]이 임봉래에게 독립선언서를 전달한 것을 기점으로 구포의 청년들은 너나 할 것 없이 만세운동에 동참하기로 뜻을 모은 것으로[6] 전해진다.

1919년 '구포장터 만세운동'은 구포공립보통학교 학생에서부터 노인에 이르기까지 10~60대 남녀노소 다양한 계층이 참여한 점이 큰 특징이며 소상공인들도 가게를 철시하고 열성적으로 참여한 것으로 유명하다. 3월 29일 두 차례에 걸쳐 1,200여 명이 참여한 거사, '구포장터 만세운동'의 배경에는 지역사회를 지탱하던 튼튼한 네트워크의 힘이 작동했을 것으로 보인다.

---

5) "만세운동을 함께 주도한 임봉래(林鳳來)의 후임으로 구포 사립화명학교 교사로 취임하였다 는 기록이다." 신영전·윤효정, 2005, 「보건운동가로서 춘곡 양봉근(春谷 楊奉根 1897- 1982)의 생애」, 신영전·윤효정, 《醫史學》 제14권 제1호(통권 제26호).

6) 「북구,이야기로 물들다」(2018, 부산광역시북구청 발행)

구포에는 당시 현대적인 자치 기구로 꼽히는 오늘날의 민회에 해당하는 '민의소'가 있었는데 이는 면 단위에서 매우 드문 경우이다. 지역의 50세 이상 노인들의 모임인 구포기로사(龜浦耆老社)와 이후 1921년 출범하는 구포청년회의 모태가 되는 청년모임 등 지역사회를 구성하는 다양한 그룹들이 유기적으로 연결되어 있었기에 '구포장터 만세운동'이 성공할 수 있었지 않았나 생각된다.

구포(감동포)는 물자와 인재, 자본이 모이고 더불어 문화가 발달한 근대시대의 핫플레이스였음을 여러 역사적 사실과 기록들이 여실히 보여준다. 낙동문화원의 초대 원장인 백이성님이 낙동강 하구 유역권의 민속·문화자료를 수집하고 기록한 자료와 문헌을 통해서도 확인할 수 있다. 구포가 가장 번성했던 시기는 역설적이게도 구한말부터 광복 전후까지로, 일제강점기 수탈기지 역할이 지역경제를 부흥시키는 동력으로 작용했다고 볼 수 있다. 광복 이후 정미업이 쇠퇴하면서 구포 나루는 1980년대에 이르러 나루의 기능을 잃게 된다.

아름다운 강의 도시, 낭만 구포의 흔적

구포 사람들은 구포를 대표하는 키워드의 하나로 '낭만'을 꼽는다. 강변대로와 도시철도 구포역이 들어서기 전 낙동강은 낭만이 철철 넘치는 그런 곳이었다고 한다. 강에서 잡은 물고기는 바로 선창가, 포차에서 안주로 차려졌고 둑길은 연인들의 데이트 장소이고 가족 나들이 장소이고 단골 소풍지였다.

시대를 거슬러 구포가 아니라 감동진, 감동포로 불리던 시절, 낙동강은 지금의 일자의 물길이 아니라 세 갈래로 흘렀다고 한다. 장구(長久)한 세월 속에 강물이 실어온 토사가 퇴적하면서 바닷물을 밀어내고 삼각주를 만들어 냈다. 그로 인해 강은 세 갈래로 나뉘어, 삼차수로 흘렀고, 칠점산[7]과 삼차수가 어울려 한 폭의 아름다운 수묵화 같은 풍경을 연출했다.

양산군 군수 권성규는 1693년(숙종 19년)에 삼차수를 굽어보는 위치에 누각, 삼칠루(三七樓. 현재 구포동 로얄동원아파트 자리)를 세운다. 당대의 내로라 하는 문객들이 삼칠루와 감동포의 유려한 풍경을 시정에 담았다.

아래 한시는 양산군수를 한 김이만의 시이다. 그가 군수로 재직하는 동안 남창(감동창)으로 업무차 왔다가 강의 아름다움에 심취하여 지은 것으로 생각된다. 마침 그날은 비바람이 불었던 모양이다. 멀리 보이는 삼칠루는 궂은 날씨 속에서도 강변에 우뚝 솟아 한눈에 들어왔다. 특히 마지막 행에서는 삼칠루 앞 감동포구의 모습이 묘사되어 있는데 조운선과 수많은 배가 포구에 모여 숲을 이루었다고 하니 당시 감동포가 상업포구로는 엄청난 규모였음을 짐작하게 한다.

7) 부산광역시 강서구 대저동에 있는 칠점산(七點山)은 가락국(駕洛國)의 시조 김수로왕(金首露王)의 장남 거등왕(居登王)과 참시 선인(始仙人)과 관련된 전설 속에 등장하는 산이다. 특히 김해 지방에 부임한 관리가 기생에게 준 한시 속에도 등장하는 등 오래전부터 여러 문헌에 기록되면서 비교적 많은 작품이 전하고 있다. 칠점산은 고려 후기부터 조선 후기까지 지속적으로 시의 소재로 활용되었다. 칠점산을 노래한 한시는 약 25수 이상 전해지고 있다. (출처 : 한국중앙연구원, 한국역사문화대전)

삼칠루(三七樓)[8]

김이만(金履萬 1740~1744, 양산군수 역임)

江干風雨晝冥冥 강변은 세찬 비바람에 대낮조차 어둡고 컴컴하다

海幾吹入暗覺醒 해풍이 여기저기 베어 갯내음이 물씬 나지만

三日不須愁旅泊 사흘 여정 동안 지낼 잠자리 근심은 없구나

百年天地一陲亭 백 년 세월을 버티며 하늘과 땅 사이에 정자 한 채 우뚝 서 있고

長江南注海門深 긴 강은 남쪽으로 흘러 바다와 만나 깊은 하구를 만드네

環抱梁州作帶襟 물길은 양산 고을을 허리띠가 감싸듯 돌아 흐르고

知是上流漕運至 상류에 조운선이 닿을 곳 아노니

舩漿浦口簇如林 배와 삿대가 포구에 모여 숲을 이루었네

『양산군 읍지』에 '구포의 감동창 언덕 위에 누각을 지었는데 앞에는 삼차수와 칠점산이 인접하고 있어 삼칠루로 했다(三七樓 甘同倉 前臨 三叉水 七點山 故以 名焉)'라고 기록하고 있다. 낙동강의 고요한 물결과 멀리 칠점산의 일곱 봉우리가 한 폭의 그림 같았던 이곳은 아쉽게도 도시화가 진행되면서 역사의 저편으로 사라졌다.

2021년 6월 북구문화예술플랫폼 만세갤러리에서 아주 특별한 전시회 〈감동포, 한시로 만나다〉가 열렸다. 과거와 현대를 예술가의 시선

8) 북구향토지, 제10장문화와예술, 2014년

으로 연결하고 재해석하여 새롭게 창조하는 작업이었다. 〈감동포, 한시로 만나다〉의 기획자는 젊은 화가 12명에게 구포가 감동포로 불리던 조선시대의 고지도와 당시 감동포의 풍광을 담은 고시(古詩)를 설명한다. 그리고 참여화가들은 고시를 한 작품씩 선택하고 각자의 느낌으로 해석하고 상상하여 화폭에 그림으로 표현하여 그려낸다.

이렇게 완성된 12편의 그림과 고시를 나란히 전시하고 엽서로도 제작했는데 관람객들은 이 흥미로운 프로젝트를 통해 옛 구포의 아름다운 모습을 알게 된다. 역사를 새롭게 해석하여 현재와 접목한 신선한 기획은 향토사학자 김정곤 님과 문화기획자 문봉규 님의 콜라보로 이루어졌다. 사실 한자로 된 고시를 한글로 번역하고 문헌상의 고지도를 가시화하는 지도 모형을 만드는 등 숨은 노력이 있었기에 가능한 프로젝트였다. 하늘 아래 새로운 것은 아무것도 없다고 했다. 새로운 것은 옛것으로부터 비롯되어 그 시대의 감성과 아이디어가 얹어져 재탄생하고 그런 창작물들은 스토리텔링이 가지는 설득의 힘을 갖는다.

구포역의 미래는 '자연으로의 환승역'

구포역의 인근역인 덕천역은 도시철도 2·3호선의 환승역으로 하루 평균 이용객은 두 노선을 합쳐 29,247명으로, 같은 2, 3호선 환승역인 수영역보다 승차량이 더 많다(출처 : 나무위키). 2022년 6월에 구포시장에서 화명생태공원으로 연결하는 금빛노을브릿지가 완공되면서 이용객들이 늘어나는 추세다. 덕천동 젊음의 거리와 다양한 종류의 병원

들, 은행들이 역세권에 입점하고 있어서, 기존에 유입 인구가 많은 곳임에도 사람들을 유인할 요소가 하나 더 늘어난 셈이다.

반면에 도시철도 구포역은 2011년에 부산김해경전철이 개통되면서 김해 방면 환승역으로서의 입지가 더 줄어들었다. 부산김해경전철을 통해 종점역인 3호선 대저역에서 미리 환승이 가능해졌기 때문이다. 실제로 부산김해경전철이 개통되면서 대저역의 이용객 수는 세 배 가까이 늘었다. 기차에서 지하철로 환승하는 사람들을 빼면 사실상 승객을 끌어올 요소가 없어 보인다.

구포의 지난 역사를 보면 2023년을 살아가는 우리가 상상하기에 벅찬 풍부한 이야기를 품고 있다. 그 역사적 자산들은 얼마든지 현재로 끌어내어 접목할 여지들이 많은데, 안타깝게도 부산시와 북구는 그 풍부한 스토리를 도시의 가치를 높이는 도시브랜딩에 제대로 녹여내지 못하고 있다.

도시철도 3호선 구포역은 부산의 갈맷길 제6코스로, 꾸준하게 걷기를 즐기는 층의 사랑을 받고 있다. 낙동강 하구둑에서 시작하는 6-1코스의 종착지이고 6-2코스(성지곡수원지)와 6-3코스(금정산성 동문)의 시발점이다. 또, 낙동강 자전거 종주길의 길목이다. 이들을 주목하고 구포역세권과 연결하는 다양한 프로젝트를 기획해 볼 것을 여러 분야 전문가들이 제안하고 있다.

부산시와 북구가 미래의 전략 수립에서 적극적으로 활용하지 못한 게 낙동강이란 자산이다. 때 늦은 감이 있지만 새로운 서부산 발전전략이 필요하다. 기존의 서부산 발전전략에, 구포이음도시재생사업을 통해 변화한 도시 지형의 흐름을 반영하고, 예비문화도시사업으로 다양한 공동체들이 실험한 역량을 연결하여 보탠다면 시민들의 효능감도 높고 지속가능성이 담보된 새로운 내용이 될 것이다.

현재의 구포역(도시철도 3호선)은 낙동강을 '가까이 하기 너무나 먼 당신'으로 만든 주범이기도 하다. 강변대로와 함께 구포역이 낙동강으로의 접근을 훨씬 어렵게 만들고 있기 때문이다. 그런데 구포역(도시철도 3호선)은 앞으로 낙동강으로 접근하기 가장 가까운 연결 통로로 변화한다. 2025년 말 완공 예정인 감동나루길리버워크가 그 주인공이다. 이 다리는 도시철도 구포역내 전망대에서 강변대로 위를 통과하여 낙동강의 일부를 질러서 화명생태공원으로 가는 보행전용교이다.

금빛노을브릿지와 달리 철새 도래지인 낙동강 위에 다리발이 세워짐에 따라 철새가 오는 겨울철은 공사가 불가하다. 또한 디자인과 조명에 제한을 받는다. 구포이음도재생사업 초기 계획을 세울 때 주민들은 독보적이며 뛰어난 디자인으로 서부산권의 랜드마크를 만들기를 희망했다. 하지만 문화재청으로부터 다리 설치를 허가받는 과정에서 낙동강의 또 다른 주인공인 철새와 인간이 공존할 수 있는 방법을 찾아내야 했다. 그래서 이동하는 철새의 시야를 방해하는 조명과 디자인을 덜어낼 수밖에 없었다. 구포 주민들은 이러저러한 이유로 소박한(?) 디자인으로 만들어지는 감동나루길리버워크에 대한 실망이 매우 크다.

그런데 이런 역발상을 해 볼 수 있다. 솔직히 세계적인 디자인과 규모의 다리를 만들기는 어렵다. 그렇게 되지 못할 바에야 '자연친화적 디자인'을 정면에 내세우는 게 어떨까. 다리의 디자인이 소박해진 만큼 낙동강의 풍경이 더 채워진다는 내용으로 스토리텔링을 하는 것이다. 화려함은 순간적으로 사람들의 시선을 낚아채지만, 일상적일 수는 없는 법이다. 인간과 철새가 공존하는 이야기로 채워진 다리라면 더 오래 사람들의 사랑을 받을 수 있지 않을까. 그렇게 되면 자연스레 서부산권의 랜드마크가 되는 거다.

낙동강과 바다가 만나는 다대포에 가 본 사람이라면 알겠지만, 광안리나 해운대와 달리 다대포는 인공적인 것이 거의 없고 상업 공간과 바다가 분리되어 있다. 자연에 가까운 그 바다에서 인간을 품어 안아 주는 듯한 자연의 힘을 느끼고 일상에서 받는 스트레스를 치유 받는다고 한다. 그런 경험이 다대포를 반복해서 찾게 만든다.

여가·여행문화는 시대의 변화와 함께 달라지고 있다. 사람들은 인간 세상에서 받은 고통과 힘듦을 자연에서 치유 받고 회복하고자 한다. 그런 자연과 함께 공존하며 느린 속도와 상생의 방식으로 나아가고 있다. 그런 의미에서 감동나루길리버워크와 낙동강으로 연결되는 구포역의 미래는 희망적이다.

『부산의 환승역』의 목차에서 보듯이 부산역과 구포역은 일반적인 지하철 환승역은 아니다. 기차에서 도시 내부의 연결망인 도시철도로 환승하는 역이고 과거를 딛고 현재를 넘어서 미래로 환승하는 역이다.

두 곳의 구포역(기차역과 도시철도역)은 지역발전의 교두보로서의 역할과 동시에 한편으로 구포지역을 강으로부터, 외부 도시로부터 단절시키기도 했다. 도시 발전에 꼭 필요한 도로, 철도, 지하철 등과 같은 도시 건축물이 오히려 구포의 경제·교통·문화의 요충지로서 기능을 잃게

하고 고립시키는 아이러니를 만들었다. 구포는 고립과 단절을 뛰어넘어 외부와 연결하고자 '이음'이란 구호 아래 다양한 실험을 하고 있다.

구포역은 낙동강 하구의 오랜 역사와 문화를 품은 이야기의 보고(寶庫)이고 낙동강의 어제와 오늘, 내일을 실어 나르는 추억의 플랫폼이다. 구포역은 지속가능한 지구를 위한 '자연으로의 환승역'으로 변신을 준비하고 있다. 구포역의 변신은 세계적인 흐름인 '대자보도시(대중교통, 자전거, 보행), 걷기 좋은 도시, 부산'에 아주 걸맞다. 그리고 낙동강 하굿둑 수문이 개방되어 하굿둑이 열리면서 기수생태계가 복원되고 있다는 기쁜 소식이 그 변화에 힘을 싣고 있다.

대전역

한국 '근대의 통로', 대전에서로 마주하다

오광수

대저역

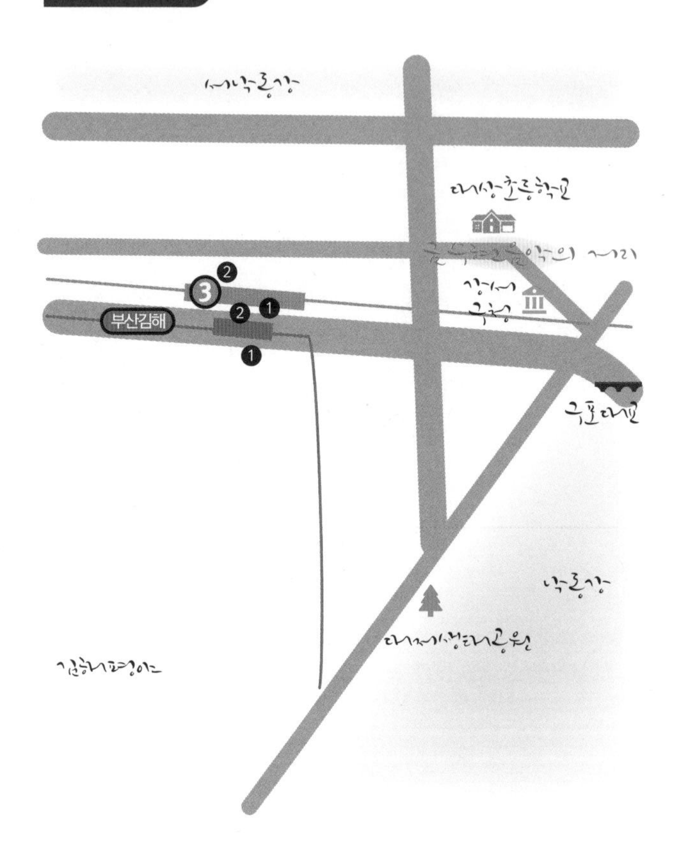

오광수 국제신문 경남본부장

〈국제신문〉 편집국 부국장,
(사)걷고싶은부산·(사)부산스토리텔링협의회 상임이사를 지냈다.
부산대학교 대학원 예술·문화와영상매체협동과정
(공연학 및 예술경영학 전공) 박사과정에 재학 중이다.
근대문화유산과 대중문화에 관심이 많다.

부산도시철도 3호선 대저역에 내린다. 수영역에서 출발했으니 이곳이 3호선의 종착역이다. 그리고 다시 출발한다. 3호선 대저역은 부산김해경전철의 대저역과 이어진다. 환승역이다. 부산 사상역에서 출발한 경전철을 타고 경남 김해로 갈 수 있다. 거꾸로 김해 방면에서 오는 경전철로 갈아타고 사상역 방면으로 갈 수 있다.

평일 한낮이라서 그런지 대저역에서 오가는 사람은 많지 않다. 오가는 이들은 저마다 발걸음을 재촉하지만, 대저역은 부산도시철도의 환승역 가운데 가장 한산(?)한 곳이 아닌가 한다. 대저역에는 '적당한' 사람들이 내리고 '적당한' 사람들이 탄다. 더욱이 도시철도 대저역에 내려서 바라보는 풍경은 서면이나 연산역과 같은 부산 도심의 환승역들과는 너무 다르다. 대저역의 동서남북으로 시설하우스를 포함한 드넓은 농경지가 펼쳐진다. 하긴, 예부터 대저역 일대도 김해평야이지 않았던가? 대저역 일대는 낙동강을 젖줄로 삼아 가없이 펼쳐진 김해평야의 일원이었다. 이는 벼농사까지는 아니더라도 여전히 도농 복합지역이라는 독특한 인문·자연경관을 보여주는 배경이다. 부산의 환승역 중 대저역만이 지닌 특수성이다.

대저역 밖으로 나서면 부산과 김해를 잇는 낙동북로가 있다. 도로를 질주하는 몇몇 차량을 제외하면 휑한 분위기다. 낙동북로를 따라 가면 낙동강 본류 바로 옆에서 강서구청과 연결된다. 멀리 김해공항의 관제탑이 보이는가 싶더니 굉음을 울리며 비행기가 하늘을 가르며 날아간다. 시골의 역 분위기가 물씬 풍기는 도시철도 대저역. 대저역 일대는 그동안 어떤 변용 과정을 겪었을까? 김해평야로 바뀌던 무렵인 근대 이후의 공간, 대저의 이야기보따리를 하나둘 풀어보자.

지금의 부산 강서구 대저1·2동은 원래 '대저도'로 불리던 섬이다. 다리로 연결되어 있어 육지처럼 여겨질 뿐이다. 실제는 낙동강 삼각주로 만들어진 하중도다. '구포 향도(向島)' 또는 '향도(向島)'로 불렸다. 구포가 형이라면, 대저는 아우인 셈이었다. 조선시대까지만 해도 경남 양산군 대상면(현 대저1동)과 대하면(현 대저2동)이었다. 을사늑약 이듬해인 1906년 9월 행정구역 정리로 대상면과 대하면은 경남 김해군에 편입되었다. 1914년에는 부군(府郡) 통폐합에 따라 대상면과 대하면이 합쳐져 김해군 대저면이 되었다. 이 지역은 1978년 부산시에 편입된다. 당시 행정구역상 '부산직할시 북구 대저동'이었다. 1983년 부산직할시 강서출장소 대저1동과 대저2동으로 분리되었다. 현재의 행정구역 틀이 갖추어진 것이다. 그래서 도시철도 3호선 대저역에서 '김해 쪽으로 간다'라는 표현은 김해에 사는 이들에게는 억울하게 느껴질 수도 있다. '원래 김해 땅 아니었느냐'는 것이다. 김해 시민 가운데 강서구 일대가 부산에 '편입'된 것이 아니라 박정희 정권기에 '빼앗긴' 것으로 여기는 이가 많기 때문이다.

부산도시철도 3호선 대저역에서 바라본 옛 김해평야 일대. 멀리 김해공항 관제탑이 보인다.

섬, 대저로 몰려든 풀뿌리 식민자

대저는 하중도인 까닭에 애초에 갈대밭 천지였다. 논밭으로 가꾼 땅은 얼마 되지 않았다. 1910년 이전에는 그러했다. 그러다 이곳에 일본인 농업이민자들이 몰려든다. 1905년 무렵 이후이다. 일제는 을사늑약 이후 법령을 제정하여 일본인이 조선에서 토지를 가질 수 있도록 했다. 1910년 일제가 강제로 조선을 병합한 이후에는 조선으로 이주한 일본인이 더욱 늘어났다. 역사학자 다카사키 소지의 표현을 빌리자면 식민지 조선은 이 같은 재조(在朝)일본인의 풀뿌리 침략, 풀뿌리 식민지 지배를 통해 유지되었다. 일제의 조선 침략은 군인뿐만 아니라 이러한 "풀뿌리 식민자"를 통해서도 이루어졌다. 현재 강서구 대저1동 곳곳에서 볼 수 있는 일본식 가옥과 구조물들은 일제 식민지 시기 일본인 이주농촌이 형성된 결과이다.

이로 미루어 볼 때 지금의 강서구 대저동 일대 역시 한국 '근대의 통로'였음을 알 수 있다. 한국의 근대성을 살펴보는 한 표본이자 부산의 근대성을 엿보는 계기가 된다. 한국 근대의 보편성과 특수성을 모두 지닌 공간이다. 풀뿌리 식민자들은 근대개항장인 부산을 통하여 조선에 발을 디뎠고, 이 가운데 농업이민자들은 낙동강 유역인 경남 김해와 밀양으로 들어왔다. 당시 김해의 대저는 일본인 농업이민자들이 개발 이익을 노리기에도 제격이었다. 당시 대저에는 앞서 개간한 땅, 즉 기간지(旣墾地)가 많지 않았다. 저지대였고 낙동강의 범람이 잦아 대부분 지역은 미간지였다. 일본인들은 농지 개량 사업의 역량을 지녔고, 조선인과 토지 소유권을 둘러싸고 마찰을 최소화할 수 있었다.

그렇다면 이들 일본인 농업이민자가 왜 당시 김해 대저를 포함한 조선으로 흘러들었을까? '약속의 땅, 조선'만으로는 설명할 수 없다. 바로 1905년 러일전쟁 무렵 일제가 골머리를 앓고 있던 일본 본토의 인구와 식량 문제였다. 일본의 총인구는 1893년 4,138만 명이었는데, 1905년에는 4,767만 명으로 급증했다. 이에 따라 주요 식량인 쌀의 소비량도 크게 늘었지만, 일본 내 쌀 생산 규모는 소비 수준을 따라잡지 못하였다. 부족한 쌀은 수입에 의존할 수밖에 없었다. 수입쌀의 초과량은 러일전쟁 이후 500만 석으로 치솟았다가 1910년까지도 100만~200만 석을 유지하였다. 이처럼 당시 일본은 만성적인 식량 수입국이었다. 일제는 해결책을 찾아야 했다. 러일전쟁 이전부터 '만한식민론(滿韓植民論)'이 등장한다. 만주와 조선에 이민을 집중해야 한다는 주장이다. 이 주장은 일제의 대륙 침략을 정당화하는 명분으로 쓰였다.

결국 1908년 12월, 동양척식주식회사(이하 동척)가 설립됐다. 국책회사다. 조선의 식량공급기지화와 이주 식민정책 추진 등 농업 척식이 주된 목적이었다. 동척은 1910년부터 1927년까지 총 17차례에 걸쳐 일본인의 조선 이민 사업을 진행하였다. 물론 동척의 이민 사업과 별개로 조선에 농지와 살 집 등을 미리 마련해 놓고 일본 현지 농법을 익히는 등 철저하게 준비한 이주자도 많았다. 식민지 조선의 일본인 가운데 훗날 자서전을 남긴 쿠즈메 타다오(葛目忠雄)의 가족이 대표적인 사례이다. 선행 연구에 의하면 일본 고치현(高知縣) 출신인 쿠즈메 가족이 조선으로 이주한 시기는 1912년 11월. 이미 상당수의 일본인이 조선으로 농업 이민을 떠났던 시점이었다. 이주 당시 타다오의 아버지 쿠즈메 이노스케(葛目猪之助)는 42세, 타다오는 12세였다. 쿠즈메 가족은 1년에 걸쳐 고향의 전 재산을 처분하였다. 이후 '다시는 향리의 땅을 밟지 않을 것'이라는 굳은 각오로 조선으로 향하였다. 이들은 고베항(神戸港)에 도착한 뒤 고베역에서 시모노세키(下關)로 넘어가 거기서 관부연락선 편으로 부산에 닿았다. 메이지대학 법률학교 출신 이노스케가 조선 이주를 결심하고 본격적인 준비에 나선 것은 1910년 직후. 조선에 이주한 선배에게 다녀온, 같은 마을 한 청년의 소개로 당시 대저도에 살던 같은 고향의 일본인을 찾아가 현지를 둘러보았다. 그 일본인은 배와 사과, 포도 과수원 3정보(1정보는 약 3,000평)를 대신 구매해 주었다. 쿠즈메 가족이 이주할 당시 대저의 제방 안쪽은 80%가 논, 20%는 밭으로 개간되어 있었다고 한다. 저지대는 여전히 갈대밭 천지였다. 그렇지만 동척의 주도로 농지 개량 사업이 한창 진행 중이었으므로 대저에는 일본인 이주자가 많았다.

타다오의 아버지 이노스케는 대저수리조합 결성을 계획하고 이를 실천에 옮기는 데 앞장섰다. 일본인들은 이주 초기 김해 및 밀양지역 낙동강과 밀양강 유역에 관개를 비롯한 수리시설을 구축하는 데 박차를 가했다. 논 중심의 개간을 위해서였다. 천수(天水)농업에서 관개(灌漑)농업으로 바꾸는 것이었다. 결국, 김해군에서는 처음으로 김해수리조합이 1912년 11월 설립 인가를 받았다. 대저수리조합은 1916년 11월 설립 본인가를 받은 데 이어 1917년 7월 공사 준공을 했다. 대저수리조합의 구역은 당시 김해군 대저면 출두·사덕·평강·소덕·덕두·도도리 등 9개 리의 1,807정보였다. 대저수리조합 구역 내 지형은 가운데가 솟아 있어 양수기를 쓰지 않아도 되었다. 그래서 제방을 쌓는 방수(防水)와 하천을 정비하고 수로를 만드는 관개가 주된 목적이었다.

하지만 대저수리조합은 다른 수리조합과 마찬가지로 '일본인 지주를 위한, 일본인 지주에 의한, 일본인 지주의' 것이었다. 수리조합은 식민지 지배체제를 더욱 굳건하게 다졌을 뿐만 아니라 일제가 조선의 토지를 침탈하는 통로 역할을 하였다. 〈동아일보〉 1927년 11월 8일 자 기사를 보면 이런 사실이 잘 드러난다. 당시 구역 내 총면적 1,861정보 중 10정보 이상 소유한 대지주의 면면을 보면 조선인 지주의 소유 면적은 전체의 26% 수준에 그쳤다. 동척이 가장 많은 235정보(국유지)를 보유하였다. 타다오의 아버지 이노스케는 대지주 중 일곱 번째로 많은 21정보를 소유하였다.

근대 배 농업의 발상지, 대저

식민지시기 대저는 배(梨)로도 유명하였다. 필자는 일전에 식민지 시기 배 과수원과 관련한 2세들의 구술 아카이브를 진행한 적이 있다. 이들의 구술 내용을 정리하면 1910년을 전후하여 대저에 들어온 일본인 이주자들은 지금의 강서구청 북동쪽 옛 구포다리와 가까운 출두리를 중심으로 배 과수원을 집중적으로 경영하였다. 앞서 언급한 쿠즈메 가족도 출두리에 터를 잡고 과수원사업을 하였다. 그러다 1920년대에 들어서면서 전국에 과수 재배가 성행한 결과 품종별로 가격 경쟁이 심해지자 쿠즈메 가족은 선택과 집중 차원에서 배를 더 많이 가꿨다고 한다. 이 시기 대저의 배 과수원은 지금의 강서구 강동동 일대까지 뻗어나갔다. 현 강서구 대저 1동 대저로(신장로) 위쪽 지역에 동서 방향으로 배 과수원이 100곳가량 들어섰다. 배 과수원의 규모는 작게는 3,000평, 크게는 9,000평 정도 되었다. 지금의 강동동에 해당하는 당시 김해군 가락면 대사리에서는 일본인 실업가 우에다 요시오(植田義夫)가 배 과수원을 개척했다. 우에다는 1905년 10월 조선으로 건너가 과수원을 경영하였다.

그렇다면 대저에서 왜 근대 배 농업이 성행했을까? 사실 이 일대는 낙동강변에 자리 잡아 땅을 조금만 파 내려가도 물이 나온다. 과수원을 하기에는 적당하지 않다. 그렇지만 '교통의 편리함'이 이를 상쇄했다. 강 건너편 경부선 구포역의 존재 때문이었다. 구포역을 통해 대저에서 생산된 배는 일명 '구포 배'라는 이름을 달고 전국으로, 심지어 만주까지 유통됐다. 이처럼 명성을 떨쳤던 까닭에 과일의 이름(배)이 들어간 협동조합이 전국에서 유일하게 대저에서 출범하기도 했다. 하지만 대저 배는 1970년 후반 경쟁력을 잃고 역사 속으로 사라진다. 경기 평택과 충남 천안에서 생산되던 배와의 가격 경쟁력에서 밀려날 수밖에 없었다. 그렇게 '대저 배'는 잊히게 된다.

식민지 시기 대저의 배를 비롯한 과수 농업의 성행은 이 지역의 독특한 취락 경관을 만들어냈다. 일본인 과수원 농장주의 독립가옥이 여기저기 흩어져 있는 산촌(散村)과 과수원 주변의 조선인 농가들이 집단으로 들어선 괴촌(塊村)의 양상을 보였다. 일본인 농장주의 가옥이 이곳저곳에 흩어져 있었던 것은 배 과수원을 중심으로 각각의 경작지를 직접 관리할 수 있는 범위 안에 집터를 정했기 때문으로 풀이된다. 지금의 대저로(신장로) 일대에서 확인되는 일본식 가옥들은 당시 일본인 농장주의 것으로 추정된다. 이들 가옥 가운데 배 저장고를 갖춘 곳도 있다. 일본식 가옥과 배 저장고의 배치를 고려하면 서낙동강과 낙동강 본류로 갈라지는 대저의 북쪽을 중심으로 동서에 걸쳐 배 과수원이 많이 들어섰음을 알 수 있다. 즉 대저로를 중심으로, 위쪽에 일본인 농장주의 가옥과 조선인 농가가 집중적으로 들어섰고, 아래쪽에는 논과 밭 등 경작지가 질서정연하게 자리 잡았다. 1947년 항공사진과 2010년의 항공사진을 비교·분석한 당시만 해도 대저로 위쪽에는 46채의 일본식 가옥이 있었다.

필자가 구술 아카이브를 진행한 이들의 증언을 종합하면 식민지 시기 일본인 이주자들은 자신이 살던 일본 현지의 건축 양식 그대로 대저에 집을 지었다. 심지어 건축자재를 일본에서 가져오기도 하였다. 대저

옛 대저수리조합 건물

강서고교 뒤편 일본식 가옥

삼호재단 소유 일본식 가옥

옛 낙동강 칠백리 식당 건물

부산 강서구 대저1동 일대의 일본식 가옥과 건물들

의 일본식 가옥은 주거용 본채 외에도 경작을 위한 작업장으로 쓰던 별채, 배 저장고, 일반 창고를 갖추었다. 일본식 가옥 대부분은 앞쪽 중앙에 현관이 있고 정원을 향해 마루 또는 툇마루가 둘러싸는 모습이다. 일본식 가옥들에서는 란마(천장과 미닫이 틀 사이에 통풍과 채광을 위해 만든 교창), 아마도(비바람을 막기 위해 유리 창문 밖에 두꺼운 널빤지로 덧댄 것), 후스마(실내를 몇 개의 공간으로 나누기 위한 전통 미닫이문), 월창(둥근 모양의 창) 등도 확인된다.

서낙동강, 더는 '흐르지' 못했다

낙동강 하류의 삼각주 일대는 연례행사처럼 물난리를 겪던 시절이 있었다. 낙동강 유역 개수공사가 완공되기 전의 일이다. 삼각주로 만들어진 섬인 대저뿐만 아니라 강 건너편 구포 쪽도 매해 여름 큰비가 올 때마다 범람한 강물이 주거지와 농지를 덮쳤다. 바로 위쪽 밀양의 삼랑진 근방에서부터 강폭이 좁아지는 구조여서, 강 중상류 쪽에서 비로 불어난 강물이 동낙동강과 서낙동강으로 흘러가는 과정에서 범람하여 삼각주 일대는 물바다가 되기 일쑤였다. 1925년 7월의 수해 참화가 대표적인 사례이다. 밀양과 김해의 물난리로 두 지역의 제방이 무너지면서 행방불명자만 2,000명에 달하였다. 농작물 피해 면적은 수만 정보나 되었다. 당시 창원군 대산면에서는 무라이(村井)의 진영농장 제방이 터지는 바람에 주민 6,000여 명이 생사를 알 수 없었다고 전해진다.

가곡 〈그네〉의 작곡가 금수현(1919~1992)이 쓴 글에도 낙동강 홍수

와 제방(둑) 이야기가 보인다. 대저에서 나고 자란 그가 쓴 『나의 70』(월간음악출판부, 1989)에서다. 금수현은 해당 글에서 어린 시절 그의 집이 대저 동쪽 강변의 둑 옆에 있었다고 했다. 그는 "마을의 집들은 모두 둑 안에 있는데 소년의 집 한 채만은 둑 밖에 있어 홍수 때문에 터가 둑 높이와 비슷했다"라고 적었다. 금수현이 자신을 "소년"이라고 표현한 것을 보니 당시 5년제이던 부산제2상업학교(현 개성고)에 진학하기 이전임을 알 수 있다. 물론 낙동강의 새 제방이 축조되기 전의 일이다.

마침내 조선총독부는 1926년 '낙동강 유역 개수공사' 계획을 발표한다. 1927년 11월 구포역 앞에서 낙동강 개수공사 기공식이 열렸다. 이 공사는 밀양 하남면 부근부터 낙동강의 바닥을 넓히고 곳곳에 제방을 축조하는 것이었다. 양산 물금역에서부터 낙동강 하류 명지까지는 일천식(一川式, 여러 물줄기를 한 갈래로 만드는 방식)의 제방을 쌓도록 했다. 대동면에서 서쪽으로 흐르던 당시 낙동강의 본류를 대저수문으로 막아 물줄기를 동낙동강 쪽으로 흐르게 했다. 지금처럼 서낙동강이 '흐르지' 않은 것은 이때부터다. 또 동낙동강 서북쪽 당시 출두리 부근 강변지역은 너비 약 500m가 하천부지로 편입됐다. 동낙동강의 폭을 넓히려는 차원이었다. 이로써 동낙동강은

작곡가 금수현의 옛집 터 부근 강둑에 세워진 금수현 노래비

'본류'가 됐다. 이후 '동낙동강'이란 표현 자체도 사라졌다. 앞서 언급한 쿠즈메 일가도 낙동강 개수공사의 하천부지 편입 탓에 출두리를 떠나 당시 동래군 서면 부암리로 옮겼다. 1931년 당시 김해군 하동면(지금의 대동면) 월촌리로부터 명지면 진목리에 이르는 낙동강 일천식 공사가 시작되었다. 그러나 공사가 한창 진행 중이던 1933년 7월 한 달간 두 차례나 대홍수 피해가 났다. 1933년 7월 2일 자 〈동아일보〉는 「1천 3백여호 전멸, 7천 주민 생사불명」이라고 보도했다. 이어 같은 해 7월 27일 자에서는 「대저면 또 수란(水亂), 구포 교통 두절」이라고 대서특필했다. 우여곡절 끝에 대저수문은 1934년 4월 완공되었다. 낙동강의 일천식 제방은 1935년 구축되었다.

일천식의 낙동강의 새 제방이 구축된 이후 김해평야는 안정적이고 비옥한 농업지대로 바뀌었다. 그래서 김해평야는 일제의 농업 식민정책의 결과물이기도 하다. 김해평야는 동낙동강과 서낙동강 사이의 삼각주와 인근 평야지대를 말한다. 지금의 행정구역상 부산은 강서구 대저동, 강동동, 명지동 일대가 포함된다. 김해 쪽에서는 부산과의 경계인 대동면에서 안동공단, 김해시청 주변 부원동을 거쳐 서쪽으로 주촌면, 장유면 일원에 이르는 광활한 규모였다.

대저역으로 대표되는 부산의 미래

구포에서 나룻배를 타고 오가던 대저는 훗날 구포다리로 불린 '낙동장교(洛東長橋)'가 건설되면서 사실상 육지가 되었다. 낙동강의 일천식

새 제방과 대저수문이 구축되기 전 낙동강의 본류는 서낙동강으로 흘렀다. 동낙동강은 지금과 달리 수량이 적었고 강폭도 좁았다. 대저 출두리 동쪽 끝과 건너편 구포의 서쪽을 오가던 대저나루 쪽 강폭은 50여 미터밖에 되지 않았다. 대저에서 구포로 오가려면 나룻배를 타야 했으므로 불편하기 짝이 없었다. 게다가 여름철 강물이 불어나면 나룻배도 탈 수 없었다. 그래서 낙동강 개수공사와 함께 대저와 구포를 잇는 다리 건설은 지역사회의 양대 현안이었다. 결국, 낙동교 기공식이 1931년 9월 17일 열린다. 김해군수를 포함해 김해군 8개 면 대표가 '부마선낙동강가교도로기성회'를 조직하며 다리의 건설을 위해 팔을 걷어붙인 결과이기도 하였다.

낙동교 건설은 당시 지역사회에서 메가톤급 이슈였다. 이는 식민지 시기 부산에서 발행된 일본어 신문 〈부산일보〉에서도 확인할 수 있다. 〈부산일보〉는 1931년 9월 17일 자 지면에서 낙동교의 기공식 관련 기사를 7건이나 다루었다. 해당 날짜 총 8개 지면 가운데 1개 면을 '낙동교 특집'으로 꾸몄다. 이후 사흘간 '낙동교 특집'이 이어졌는데 제목만 보면 다음과 같다. 「낙동교 기공식」, 「동양 제1을 자랑하는 낙동교의 기공식」, 「낙동교의 가교는 경남의 교통, 산업개발에 공헌하는 바가 많다: 경남도지사 담화」, 「낙동교 가교에 대한 上田토목과장 담화」, 「낙동교의 가설과 역사적 산업으로 운 좋게 주어진 김해군의 장래」, 「낙동교의 가설과 대저면의 장래(上): 대저면장 김봉수」, 「낙동교의 가설을 기뻐하며: 구포면장 장익원」(이상 〈부산일보〉 1931년 9월 17일 자); 「낙동교 기공식, 17일 김해군 대저면 보교(普校)에서 성대히 거행되다」, 「낙동교의 가설과 대저면의 장래(中): 대저면장 김봉수」(이상 〈부산일보〉 1931년 9

월 18일 자); 「낙동교의 가설과 대저면의 장래(下): 대저면장 김봉수」(〈부산일보〉 1931년 9월 19일 자).

낙동교, 즉 구포다리는 1932년 12월 중순 준공됐다. 『김해농조(金海農組) 80년사』(김해농지개량조합, 1996)를 포함한 다수의 책자에서 구포다리의 준공을 '1933년 3월'로 기록하지만, 당시 신문 보도 내용을 보면 '1932년 12월'이 맞다. 여하튼 구포다리는 부산에서 마산, 삼천포로 통하는 길목에 놓였다. 교통의 요지가 되었다는 뜻이다. 길이는 1,060m로, 당시 '동양에서 가장 길다'고 신문에 보도되었다. 낙동교와 구포다리의 다른 명칭인 낙동장교의 '장교(長橋)'는 여기서 유래하였다.

구포다리는 1997년 12월 낙동강 하류 쪽으로 200m 거리에 구포대교가 들어서면서 승용차 전용 교량이 된다. 2003년 9월 태풍 '매미' 내습 때 구포다리의 다릿발이 뽑혀 나가고 상판이 떨어지면서 60m 구간이 무너졌다. 결국, 구포다리는 2008년 완전히 철거되었다. 철거는 그해 1월 시작되어 12월 마무리되었다. 구포다리가 역사 속으로 사라진 뒤 그 터를 알리는 것은 있다. 부산도시철도 3호선 구포역에서 구포장터 3·1운동기념비 쪽으로 가다 보면 강변의 옹벽에 구포다리의 터였음을 알리는 패널이 있다. 제목은 '낙동강의 물목, 구포다리 옛 모습'이다. 패널에는 과거 구포다리의 사진들과 안내문이 빼곡하게 담겨있다.

구포에서 구포다리를 통하여 건너면 강서구 대저1동 강서구청 정문과 맞닿은 대저로와 연결된다. 도로명으로는 대저로이지만, 이 길은 신장로(新長路)로 더 많이 불린다. 새로 난 길, 즉 '신작로(新作路)'에서 소리 나는 대로 바뀐 이름이다. 예전 신작로에 많이 심어졌던 포플러가 '신장로'에도 남아 있다. 옛 구포다리와 대상초등학교 사이 신장로의 길

강서구청 옆 대저로(신장로) 일대. '금수현 음악거리'이다. 오른쪽 건물 신축 현장은 옛 대저수리조합이 있던 자리이다.

이 570m 구간은 '금수현 음악거리'로 지정되어 있다. 2014년 5월 20일 '금수현 거리' 준공식이 개최되었다. 금수현 거리에는 금수현의 대표 가곡인 〈그네〉의 가사, 인물 사진과 거리의 설명이 내걸렸고, 음표 조형물과 바이올린을 형상화한 조형물이 세워졌다. 그런데 지금은 금수현 거리의 조형물과 안내판이 빛바래지고 헤진 상태여서 보기에 좋지는 않다.

강서구청 정문 인근 금수현 거리에는 옛 대저수리조합 사무동과 비료창고가 '있었다'. 그 자리에는 도시재생사업(신장로 전원 교향곡 사업)의 하나로 강서열린문화센터 건립 공사가 한창이다. 2023년 8월의 모습이다. 이에 앞서 옛 대저수리조합 사무동과 비료창고는 헐렸다. 대저수리조합 사무동은 1956년 미 공군 비행기 추락으로 부서져 다시 지은 것인데, 비료창고는 1916년 대저수리조합 설립 당시 모습을 고스란히 간직하고 있었다. 대저수리조합 사무동 앞에 서 있던 '대저수리공사기념비'도 현장에는 없다. 2020년 6월 강서구청이 대저수리조합 건물 철거 방침을 발표하자 각계에서 비판 여론이 거세게 일었고, 이 때문에 건물 보존 방안이 검토되기도 했다. 그러나 철거 방침은 끝내 바뀌지 않았다. 근대사의 한 페이지를 장식한 '기억의 공간'은 그렇게 허무하게 사라졌다. 공간이 사라지면 역사성과 장소성, 그 정체성도 담보하기 어려워진다. 헐린 옛 대저수리조합 건물은 우리가 무엇을 기억할 것이냐고 묻고 있다.

'사라짐'이 어디 옛 대저수리조합의 사무동 건물뿐이랴? 대저 일대 일본식 가옥과 같은 역사·문화자산들은 앞으로 도시개발에 떼밀려 죄다 사라질 수도 있다. 대저1동 일본식 가옥들은 문화유산 보존의 제도권 밖에 있는 까닭이다. 지금도 이들 건물의 변용 속도는 가파르다. 바로 인근에서는 대규모 신도시 개발 소식이 계속 들린다. 개발 사업의 격랑에 언제든지 빨려들 수 있다. 가장 큰 블랙홀은 가덕신공항과 연계한 강서의 '동북아 물류 플랫폼 시티' 개발 구상이다. 이 프로젝트의 밑그림에 포함된 지역은 서낙동강 일대인 강서구 죽동동과 화전동 일원. 지금 다루고 있는 도시철도 대저역과 그다지 멀지도 않다. 도심과 풍경이 사뭇 다른, 환승역 대저역 주변 도농 복합지역의 미래는 빌딩 숲과 같은 콘크리트 도시가 될 수 있다. 도시화 된다는 데 반대할 의도는 전혀 없다. 이 역시 지역사회의 발전과 직결되어 있기 때문이다. 다만, 역사성과 장소성을 제대로 뒷받침할 이야기 자원은 미래세대에 온전하게 넘겨주어야 하지 않을까 한다.

참고 문헌

김해농지개량조합, 『金海農組八十年史』, 1996.

다카사키 소지, 이규수 옮김, 『식민지 조선의 일본인들』, 역사비평사, 2006.

반용부, 「대저도의 지형경관 변화」, 『부산연구』 제1권, 신라대 부산학연구센터, 2004, 7-52쪽.

부산광역시 강서구, 『강서구지(江西區誌)』 제1-2권, 2014.

오광수, 「부산 대저지역 근대문화유산의 문화콘텐츠 개발 방안」, 부산대 석사학위논문, 2022.

이가연, 「일제강점기 '풀뿌리 식민자'의 조선 이주- 구포 '향도(向島)' 지역 이주 일본인의 생애를 중심으로」, 『인문사회과학연구』 제21권 제3호, 부경대 인문사회과학연구소, 2020. 1-20쪽.

최원규, 「19세기 후반 20세기 초 경남지역 일본인 지주의 형성과정과 투자사례」, 『한국민족문화』 14집, 부산대 한국민족문화연구소, 1999, 81-175쪽.

황수환·김기수, 「근대기 일본인 이주농촌의 형성과 이주농촌가옥: 부산 강서구 대저지역을 중심으로」, 『석당논총』 제51집, 동아대 석당학술원, 2011, 161-189쪽.

〈국제신문〉, 〈동아일보〉, 〈부산일보〉(일본어 신문) 외 신문 매체.

기장역

사람을 생각하는
바닷가 속
깊은 역

동길산

기장역

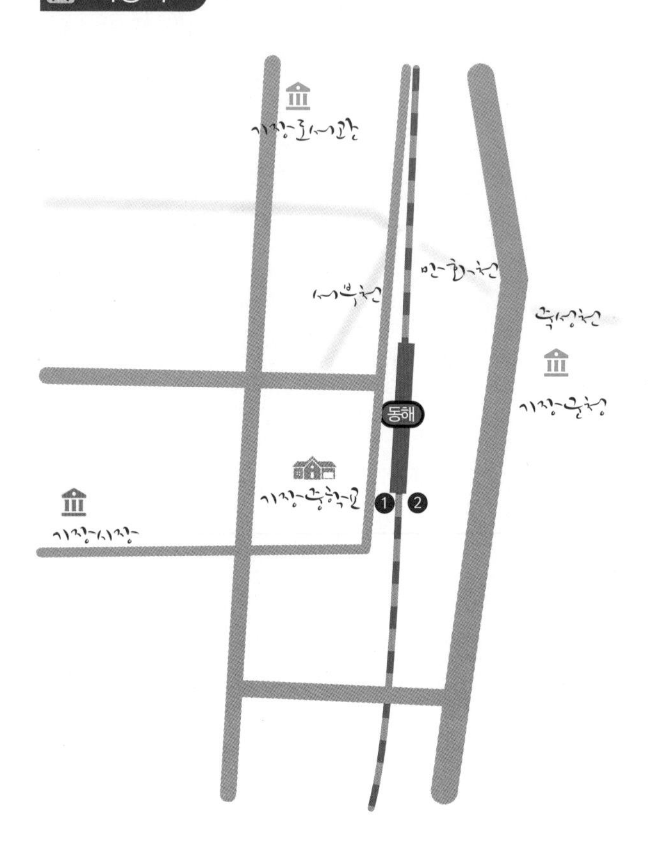

동길산 시인

부산에서 나서 학교와 군대, 직장을 모두 부산에서 다녔다.
토박이 강점을 살려서 자칭 '동길산의 부산 3부작
(부산의 포구, 부산의 등대, 부산의 신발)'을 펴냈다.
이어서 역시 자칭 '동길산의 신(新)부산 3부작
(부산의 고개, 부산의 비석, 옛날 지도로 보는 부산)'을 마무리 중이다.

역전시장, 기장시장

역전시장. 요즘은 잘 쓰지 않지만 한두 세대 전엔 일상어였다. 역 바로 앞, 또는 역 가까이 있는 시장이 역전시장이었다. '역전 앞'도 흔히 썼다. '역전'이 '역 앞'인데도 굳이 역전 앞이라 했다. 그게 1950년대식이었고 6070식이었다. 버스 정류소도 역전 앞이었고 대중가요 가사도 역전 앞이었다. 역전시장, 역전 앞은 장노년 추억에 깊숙이 박힌 고추장아찌 같은 말이었다.

역과 시장. 둘은 지금도 상생의 아이콘이다. 역은 시장이 있어서 북적대고 시장은 역이 있어서 북적댄다. 시장은 역을 보고 들어섰으며 역은 시장을 보고 들어섰다. 부산의 경우 시장을 보고 들어선 역이 동래역, 부산진역 등이고 역을 보고 들어선 시장이 수정시장, 해운대시장

기장역 전경. 1934년 동해남부선 간이역으로 개시해 2016년 광역전철 동해선이 개통됐다. 일반열차 무궁화호와 광역전철 동해선이 다닌다. 기장역에 서는 광역전철 동해선은 한국철도공사 최초의 비수도권 광역전철이다. ⓒ박정화

기장역의 동해선과 무궁화호 이정표. 전철도 서고 기차도 서는 기장역은 지정 환승역은 아니지만 시간이 맞으면 기차에서 전철로, 전철에서 기차로 갈아탈 수 있다. ©박정화

등이다. 시장이 먼저든 역이 먼저든 역 바로 앞, 또는 역 가까이 있는 시장을 역전시장이라 했다.

기장시장도 역전시장이다. 조선시대 때도 5일과 10일 열리는 재래시장이 있었지만, 지금의 역전 기장시장은 1944년 오일장으로 시작해 1960년 상설시장이 되었다. 그렇게 따지면 기장역은 기장시장보다 열 살 많다. 기장역은 1934년 동해남부선 간이역으로 개시해 이듬해 보통역으로 승격했다. 기장 양옆으로 이어지는 해안선을 따라 동해남부선 기차가 오갔고, 동해남부선 기차에 실려 기장 양옆으로 이어지는 바다에서 나는 해산물과 해풍 맞고 자란 농산물이 도시로 나갔다.

동해남부선은 통학생이 넘쳤다. 등하교 시각이면 통학생 일색이었다. 동해남부선은 애초에 부산진역을 출발해 부전역-동래-해운대-

송정-기장-좌천-월내-울산-경주-안강을 거쳐 포항으로 이어지는 145.8km 단선철도였다. 이 철도를 따라서 통학열차가 다녔다. 1970년대 이전 이야기다. 그때만 해도 도시 외곽에 거주하는 학생의 통학 편의를 위해서 대도시마다 통학열차를 운행했다. 삼랑진 쪽에서 마산 방면으로 경전선, 경주나 울산, 부산 방면으로 운행하는 동해남부선 등이 그랬다. 부산 근교 월내나 좌천, 기장 등에서는 동해남부선 통학열차로 등하교했다.

통학열차는 이야기보따리였다. 요즘 식으로 표현하면 스토리텔링의 보고였다. 일제강점기 광주학생항일운동의 발단이 통학열차였으며 '무슨 고교와 무슨 고교가 붙었다더라'라는 숱한 무용담의 진원지가 통학열차였다. 통학열차에서 훔쳐봤던 화이트칼라 여고생을 '짝사랑했노라' 후일담도 이어졌다. 등하교 시간에 맞춘 통학열차는 한정돼 있어서 좌석은 늘 만원이었다. 통로마저 미어터졌다. 속도가 느린 완행이긴 했지만 기차에 매달려 통학하는 '간 큰' 고교생도 있었다.

1970년대와 1980년대, 1990년대 동해남부선 완행열차는 '낭만 열차'였다. 부산지역 대학생의 MT 전용열차가 동해남부선 비둘기호였으며 통일호였다. 행락철이면 부산진역이나 부전역 광장은 청바지와 통기타 대학생으로 북적였다. 송정이나 일광, 임랑, 좀 멀리는 서생이나 울산 진하까지 학생들이 탄 열차는 송창식의 '자, 떠나자. 동해 바다로!' 떼창이 꼬리에 꼬리를 물었다. 비둘기호는 2000년 11월 14일 운행 정지했고 통일호는 2004년 3월 31일 운행 정지했다.

기장역에선 끔찍한 일도 있었다. 1952년 한국전쟁 때였다. 워낙 끔찍해서 날짜도 꼼꼼히 적어놨고 시간도 꼼꼼히 적어놨다. 12월 22일

한겨울이었고 오후 5시 30분 어둑한 저녁 무렵이었다. 상행 통근열차가 출발한 직후 역에서 불이 나는 바람에 역사(驛舍)가 홀라당 타버렸다. 무장공비 소행이었다. 수송 마비가 목적이었다. 이후 오랫동안 가건물 신세였다가 1957년 반듯한 역사를 지었다. 인터넷에 검색하면 보이는 노란색 단층건물이 1957년 역사다. 그러다 2016년 광역전철 동해선을 개통하면서 2층짜리 지금의 역사가 100m 거리에 생겼다.

광역전철은 두 군데 이상의 광역 지자체를 지나는 전동차를 말한다. 일반적으로 코레일이 운영하며 한국에선 수도권에 집중돼 있다. 국토교통부에서는 '도시철도형 전동열차'라 정의한다. 부전역과 울산 태화강역을 오가는 광역전철 동해선은 한국철도공사 최초의 비수도권 광역전철이다. 수도권을 제외한 지역에선 시도(市道)의 경계를 넘나드는 첫 광역전철의 영예를 안았다. 2016년 12월 30일 개통한 부전역에서 일광역까지 1단계 구간 동해선이 명목상의 광역전철이라면 2021년 12월 28일 부전역에서 태화강역까지 2단계 구간을 개통하면서 동해선은 비로소 광역전철의 반열에 들었다.

2016년 이후 기장역은 선로가 넷이다. 둘은 광역전철이 쓰고 둘은 기차가 쓴다. 광역전철은 부산 부전역과 울산 태화강역을 오가고 기차는 부전역과 울산, 포항, 동대구, 청량리 방면을 오간다. 기차는 비둘기호와 통일호 운행 정지 이후 완행으로 내려앉은 무궁화호만 다닌다. 하루에 상행 일곱 번, 하행 일곱 번 기장역에 선다. 상행, 하행 각각 백 번 남짓 다니는 광역전철에 견주면 어림도 없는 횟수지만 무궁화호를 타는 사람은 여전히 무궁화호를 탄다. 광역전철역이 된 지 칠팔 년이 지났어도 여전히 기차역이라고 생각하는 사람이 많다.

기장역은 품이 넓다. 품이 넓어서 사람 품는 데는 일가견이 있다. 여기 사람도 품고 저기 사람도 품는다. 기장읍 사람은 당연히 품고 좀 멀리 일광읍 사람도 품고 더 멀리 기장 철마면이며 정관 신도시며 해운대 반송 사람을 품는다. 그쪽 지역에선 기장역이 생활권이다. 일광에도 동해선이 서지만 동해선의 끝은 울산 태화강역이다. 거기보다 더 멀리 가려고 기장역으로 와서 무궁화호 기차를 탄다.

오래된 환승역, 기장역

"지정 환승역은 아니지만 시간이 맞으면 기차에서 전철로, 전철에서 기차로 갈아탈 수는 있습니다. 실제로 갈아타는 분은 얼마 안 되고요"

가는 날이 장날이었다. 아니, 출근 첫날이었다. 몇 가지 알아보러 기장역 역무실에 들렀다가 출근 첫날인 정순임 부역장을 만났다. 기장역은 첫 출근이지만 딴 데서 오래 근무한 '관록의 부역장'답게 궁금증을 술술 풀어주었다. 엄밀한 의미의 환승역과 넓은 의미의 환승역에 관해서 의견을 나누었는데, 접근성과 편의성이 좋아지면서 승객이 늘었으며 축제 때는 특히 붐빈다는 비하인드 스토리를 술술 들려주었다.

환승역은 뭘까. 물론, 엄밀한 의미의 환승역은 부산의 경우 지하철과 지하철, 지하철과 광역전철의 연계다. 엄밀한 의미로 국한한다면 정순임 부역장 말대로 기장역은 환승역과는 거리가 멀다. 그러나 환승의 의미를 확장하면 기장역 또한 환승의 범주에 든다. 환승의 의미가 어찌

기장역 탑승장. 광역전철 동해선은 상·하행 각각 하루 백 번 남짓, 무궁화호는 각각 일곱 번 기장역에 선다. 동해선 횟수가 절대적으로 많지만, 무궁화호를 타는 사람은 여전히 무궁화호를 탄다. ©박정화

지하철과 지하철, 지하철과 전철의 연계에만 있겠는가.

사실, 기장역은 아주 오래전부터 환승역이었다. 환승이란 용어가 일반적으로 쓰이기 이전부터 환승역 구실을 톡톡히 했다. 기장 갯마을이나 오지마을 학생, 보따리 상인이 마을버스를 타고 기장역에 와서는 부산으로, 울산으로 가는 기차로 갈아탔다. 나도 그랬다. 기장 죽성리 갯마을 월전에 살던 서른한두 살 때였다. 학생도 아니고 상인도 아니었지만, 월전에서 마을버스를 타고 기장역에서 기차로 갈아탔다. 지금은 기차 종착역이 부전역이지만 그때는 부산진역이었다. 당시 부전역을 거쳐서 부산진역으로 갔다.

부전역과 부산진역은 내 서른한두 살 무렵의 방점이었다. 거기에 찍힌 발걸음은 내 글에 찍은 방점보다 많으면 많았지 적지는 않다. 그 무

렵 서면이나 부전시장에 볼일이 있으면 부전역에서 내렸고 남포동이나 중앙동 쪽에 볼일이 있으면 부산진역에서 내렸다. 돌아올 때도 그랬다. 버스는 뜸했고 느리기도 해서 대개는 부산진역이나 부전역에서 기차를 탔다. 완행열차가 다니던 그때는 무궁화호가 약간 비쌌고 비둘기호나 통일호가 쌌다. 가능하면 완행을 타자는 주의였지만 무궁화든 완행이든 먼저 오는 기차를 탔다. 그렇게 기장역에 내려서 마을버스로 갈아타고 월전 갯마을로 돌아가곤 했다.

기차에서 버스로! 기장역은 지정 환승역은 아닐지라도 환승역의 몫을 충분히 해낸다. 기차·광역전철과 버스가 기장역에서 연계한다. 몇 차례 되지는 않지만, 기차와 광역전철이 연계하기도 한다. 연계는 속도고 속도는 힘이다. 아인슈타인의 상대성이론 $E=mc^2$이 그걸 증명한다. 연계는 속도를 높이고 속도는 에너지로 이어진다.

그렇긴 해도 환승의 가치가 어찌 속도에만 있으랴. 접근성과 편의성에만 있으랴. 환승의 가치는 사람마다 다르고 경우마다 다르다. 누구는 받아들이고 이어주는 포용과 교류에 두며, 또 누구는 늘 열려 있고 늘 나아가는 개방과 확장에 둔다. 포용과 교류, 개방과 확장은 미래로 가는 아이콘이다. 오늘에서 내일로 나아가는 접점이 환승이고 여기에서 저기로 나아가는 접점이 환승이다.

여기에서 저기로. 환승의 또 다른 미덕은 변방이면서 중심이고 미완이면서 완성이란 데 있다. 그것의 한 줄 표현이 '여기에서 저기로'다. 여기가 변방이고 미완이라면 저기는 중심이고 완성이다. 그러나 변방 없는 중심이 어디 있으며 미완 없는 완성이 어디 있으랴. 중심은 변방이 있어서 비로소 중심이고 완성은 미완이 있어서 비로소 완성이다. 그

기장역 선로. 2016년 이후 기장역은 선로가 넷이다. 둘은 광역전철이 쓰고 둘은 기차가 쓴다. 광역전철은 부산 부전역과 울산 태화강역을 오가고 기차는 부전역과 울산, 포항, 동대구, 청량리 방면을 오간다. ©박정화

렇지 않은가.

아침이 좋은 도시 기장. 기장이 표방하는 도시 슬로건 가운데 하나다. 부산에서 해가 가장 먼저 뜨는 도시라고도 표방한다. 부산의 가장 동쪽에 있다는 이 말을 뒤집으면 부산의 변방이란 말이기도 하다. 실제로 그렇다. 부산과 울산의 경계가 기장이다. 하지만 지금의 기장은 변방이나 경계가 아니라 부산의 구심력이다. 부산이 기장을 주시한다.

기장이 가진 구심력은 곳곳에서 감지된다. 일광신도시나 정관신도시처럼 들어섰거나 혹은 들어서는 신도시며 동부산관광단지 등이다. 기장을 부산의 구심력으로 이끈 요소는 여럿. 기장역도 거기에 든다. 기차만 다닐 때도 그랬고 기차와 광역전철이 다니는 지금은 더 그렇다. 변방에서 중심으로, 경계에서 중심으로 이끄는 구심력의 회오리가

기장역에서 세차게 분다.

구심력 회오리가 세차긴 세차다. 광역전철 동해선은 부전역 출발할 때부터 앉을 자리가 많이 없더니 한 역 한 역 지날수록 발 디디기조차 버겁다. '기장까지만 참자! 기장까지만 참자!' 기장역까지는 30분 남짓. 내릴 때도 구심력의 회오리는 세차다. 내리는 사람에 떠밀려서 겨우 내린다. 이렇게 변할 줄 알았으면 내가 살던 서른한두 살 때 땅이라도 좀 사둘걸.

기장역 근처 볼거리들

기장시장, 기장향교, 일광해수욕장, 죽성 드림세트장

기장역 계단을 내려오면 오른편에 안내판이 둘 보인다. 기장역 주변 관광안내판과 기장군 전역 관광안내판이다. 기장 8경을 소개한 기장군 전역 안내판과는 달리 기장역 주변 안내판은 굵고 짧다. 달랑 넷이다. 그 첫 번째가 기장시장이다. 가나다순일 수도 있겠지만 역전시장을 내세워 장노년층 향수를 자극해 지역경제를 보듬으려는 충정은 왜 없을까. '삐까번쩍' 명소가 아닌 사람 냄새를 물씬 풍기는 재래시장을 맨 앞에 둔 그 마음이 기장역을 있어 보이게 하고 기장을 있어 보이게 한다.

역전시장 기장시장은 언제 가 봐도 갯내가 난다. 언제 가 봐도 좌판이며 수조에 해산물이 그득하다. 안 팔려서 그득한 게 아니고 갖다 놓으면 금세 팔리고, 금세 팔리면 얼른 채워서 그득하다. 그래서 여기 해산물은 생기가 넘친다. 기장이 바다를 낀 도시고 기장 양옆도 바다를 껴서 기장은 옛날 옛적부터 생기 넘치는 해산물 풍년이었다. 이들 해산물은 기장 안은 물론이고 기장 바깥까지 먹여 살렸다. 열 고개, 스무 고개를 넘어 부산으로, 양산으로 갔다.

> 봄에는 미역과 멸치, 가을에는 갈치장이 형성되는 것으로 유명하다. 특히 추석 전후 2개월에 나는 기장 갈치는 맛이 좋기로 전국에 이름 나 있다. 값도 저렴하여 전국에서 몰려든 도매상인과 소비자들이 시장 골목을 메운다.

『기장군지(機張郡誌)』가 언급하는 '기장시장'의 한 대목이다. 군지는 2001년 펴냈다. 동해선 광역전철이 2016년부터 다녔으니 그 훨씬 이전에 나왔다. 훨씬 이전에도 시장 골목을 메웠다고 적었으니 광역전철이 다니는 지금은 '일러 무엇하리오'다. 사실 전철 다니기 이전에는 기차 이용이 불편했다. 기장에 서는 횟수가 뜸했고 기장 가는 기차가 서는 역은 띄엄띄엄 있었다. 기차를 타느니 버스를 탔다. 역전시장인데도 기차 대신 버스를 탔으니 역전시장의 수모라면 수모였다.

광역전철은 기차의 불편을 단숨에 해결했다. 역전시장의 체면도 세웠다. 한 시간에 두세 차례, 많게는 네 차례나 운행하며 게다가 부산 여기저기 정차하며 접근성을 높였다. 기장시장이 역전시장의 몫을 톡톡히 해내도록 이끈 일등 공신이 동해선 광역전철이고 광역전철이 서는 기장역이다. 역에서 빠져나와 큰길을 따라 곧장 가면 시장인 것도 큰

기장시장 입구. 역전시장 기장시장은 언제 가 봐도 갯내가 난다. 언제 가 봐도 좌판이며 수조에 해산물이 그득하다. 안 팔려서 그득한 게 아니고 갖다 놓으면 금세 팔리고, 금세 팔리면 얼른 채워서 그득하다. ⓒ박정화

기장시장 좌판. 『기장군지(機張郡誌)』는 '기장시장은 봄에는 미역과 멸치, 가을에는 갈치장이 형성되는 것으로 유명하다. 특히 추석 전후 2개월에 나는 기장 갈치는 맛이 좋기로 전국에 이름 나 있다.'고 자랑한다. ⓒ박정화

저녁에 접어드는 기장시장. 안주가 되든 반찬이 되든, 해산물을 좋아하든 채소를 좋아하든 시장에 들어선 이들의 발목을 붙잡고선 쉽사리 놓아주지 않는다. ⓒ박정화

이점이다. 시장은 역 덕을 보고 역은 시장 덕을 보며 상생한다. 역도 시장도 떠밀릴 정도로 미어터진다.

말이 그렇지 늘 미어터지기야 하겠나. 공휴일이나 주말이 대체로 그렇고 정순임 부역장 말대로 축제 철에 대체로 그렇다. 확실한 것은 있다. 어느 시장이든 손님 붐비는 시간이 엇비슷하지만 여기 기장시장은 감 잡기가 쉽지 않다. 늘 미어터지진 않지만, 손님 있을 때가 아닌데도 줄을 잇고 손님이 없을 시간인데도 흥정은 이어진다.

> "대게도 좋고 홍게도 좋은데 오늘은 홍게 드셔 보시이소. 홍게가 가격도 좋고 삶으면 대겐지 홍겐지 표시도 안 납니다."

점심이 꽤 지난 시각. 장년의 부부와 다 큰 딸을 앞에 두고 흥정이

기장시장 해산물 좌판. 문어, 낙지, 성게, 멍게, 전복, 소라, 곰장어…. 지나쳤다간 되돌아오고 지나쳤다간 되돌아온다. 기장시장에 들면 하루가 금방 가고 한 달이 금방 가고 한 해가 금방 가고 한평생이 금방 간다. ⓒ박정화

기장시장 대게. '대게 도매' 간판을 큼지막하게 내건 대게 총각은 넉살이 좋다. 대게 두 마리에 홍게 한 마리를 저울에 달더니 19만 몇천 원이 나왔지만 15만 원에 해 드리겠단다. ⓒ박정화

이어진다. '대게 도매' 간판을 큼지막하게 내건 대게 총각은 넉살이 좋다. 대게 두 마리에 홍게 한 마리를 저울에 달더니 19만 몇천 원이 나왔지만 15만 원에 해 드리겠단다. 손님은 손님대로 손해 안 보는 기분이 들고 총각은 총각대로 당연히 손해 안 볼 테니 흥정 성공이다. 흥정을 곁눈질로 구경하다가 총각 말을 기억해 둔다. 대게와 홍게는 삶으면 구별이 쉽지 않구나.

활전복 11마리 만 원. 전복회 썰어 드립니다. 숯불곰장어·양념곰장어. 저희는 순수 국산만을 고집합니다.

전복이며 곰장어며 기장에는 맛집이 넘쳐난다. 지하와 1, 2층 건물 전체가 횟집인 데도 있다. 좌판은 좌판대로, 가게는 가게대로 내놓는 해산물이 꼼지락거린다. 하나같이 싱싱하고 하나같이 '가성비 갑'이다. 하나를 보면 둘을 알고 열을 안다. 해산물이 그러니 농산물도 하나같이 파릇하고 하나같이 '가성비 갑'이다.

'가성비 갑'은 또 있다. 기장 멸치다. 멸치로 먹고사는 데가 기장이며 멸치를 내세워 축제를 여는 데가 기장이다. 멸치축제가 열리는 봄날, 기장은 멸치로 흥청망청한다. 같은 멸치라도 기장 멸치는 격이 다르다. 두께가 다르고 너비가 다르다. 그리고 멸치가 품은 정신이 다르다. 그래서 기장 멸치가 보이면 일단은 고개를 숙이고 허리를 굽혀야 한다. 굶어 죽기 직전의 이 지역 빈민 1만 명을 먹여 살린 멸치며 없어서 학업을 관둘 뻔했던 이 지역 학동들을 공부시킨 멸치다. 100년 저쪽의 이야기다.

역사로 살펴본 기장역

배상기. 100년 저쪽의 기장 사람이다. 동학혁명에 가담했다가 여의치 않자 전라도에서 야반도주, 기장 월내에 정착했다. 월내에서 멸치젓갈 사업으로 큰돈을 벌었다. 보부상 반수(班首)까지 지냈다. 반수는 보부상 지역조직의 우두머리다. 1895년(고종 32) 큰 흉년이 들었다. 배상기는 월내와 좌천 장날마다 대형 솥에 죽을 끓여서 기장군민 1만 명을 구했다. 장학사업도 펼쳤다. 기장문화원 기획실장을 지낸 황구 향토사학자는 그가 암암리에 독립운동 자금을 대었다고 증언한다. 월내어린이공원에 그를 기리는 공덕비가 있다. 한 기도 아니고 두 기도 아니고 세 기나 있다.

기장은 독립운동의 성소다. 독립운동사연구회가 있고 독립운동사 단행본을 냈을 정도로 기장 독립운동은 넓고 깊고 높다. 인터넷을 검색

보부상 우두머리 배상기를 기리는 비석. 하나도 아니고 둘도 아니고 셋이나 된다. 배상기는 멸치젓갈로 큰돈을 벌어서 선행을 쌓았다. 기장 길천과 월내 경계에 있는 월내어린이공원에 모셨다. ⓒ박정화

하면 독립운동가의 면면과 독립운동의 산실 등이 무수히 뜬다. 황구 향토사학자는 기장 독립운동의 뿌리를 반골정신에 둔다. 부당과 비정상에 맞서며 아닌 것은 아니라고 말하는 기장의 반골정신이 독립정신으로 이어졌다는 진단이다. 기장은 그 옛날 바른말을 하다가 밀려난 공직자의 유배지로, 그들의 반골정신이 지역의 정서로 자리잡았다는 이야기를 덧붙인다.

고산 윤선도. 기장에 유배된 대표적인 인물이다. 일흔 생애에서 이십 년 넘게 세 차례나 유배됐다. 그중 육칠 년을 기장에서 보냈다. 육칠 년 보냈으니 기장에서 낳은 아들도 있었고 조선 3대 시인답게 기장과 관련한 시도 꽤 썼다. 지역민의 삶에 스며들어 약학 지식으로 병자를 고쳤다. 죽성리 절경 황학대는 그의 작명이다. 황학대와 일광해수욕장에서 그의 삶, 그의 시를 접할 수 있다. 일광 바닷가 산책로는 이 지역 병자를 고쳤던 그를 기려 '치유의 거리'로 이름 붙였다.

기장역과 바다

'치유의 거리' 일광역은 동해 바닷가 역이다. 부전역에서 출발하면 기장역 다음이 일광역이다. 기장과 일광은 지리적 거리는 가깝지 않지만, 전철의 거리는 한달음이다. 기장역 계단을 내려오면 오른쪽에 보이는 주변 관광안내판에 일광해수욕장을 소개한 이유다. 그러고 보면 기장역은 해운대에서 일광, 그리고 월내로 이어지는 부산 동해의 중심축이다. 해운대 바다를 지난 전철이 기장역에서 멈추었다가 가고 월내 바

일광 바닷가 '치유의 거리' 표지판. 기장 바닷가에 유배된 고산 윤선도는 지역주민의 병을 치유한 '약손'이기도 했다. 윤선도가 작명한 죽성 황학대를 비롯해 일광해수욕장 등지에서 그의 삶, 그의 시를 접할 수 있다. ⓒ박정화

다를 지난 전철이 기장역에서 멈추었다가 간다. 기장역에서 바다는 보이지 않지만, 부산의 동해는 죄다 기장으로 밀려들고 기장역에서 밀려간다.

바다는 보이지 않지만, 바닷가 기장역에 가면 사람이 바다고 바다가 사람이다. 기장역을 가운데 두고 이쪽저쪽 바다가 밀려들고 밀려가듯 기장역을 가운데 두고 이쪽저쪽 사람이 밀려들고 밀려간다. 환승의 의미가 어찌 사람에게만 국한되랴. 밀려오고 밀려가는 그 모두가 환승이며 밀려오고 밀려가면서 만나는 접점 그 모두가 환승이다. 밀려왔다가 밀려가는 시간의 접점 역시 환승이며 나와 당신, 당신과 나의 접점 역시 환승이다. 환승을 매개로 오늘 여기에서 내일 저기로 나아간다. 비로소.

환승은 뭐랄까, 불가피성이 있다. 해도 그만, 안 해도 그만인 게 아

니라 안 하면 안 되는 간절함 같은 게 우리를 환승으로 이끈다. 그런 간절함이 앞만 보고 가다가도 뒤를 돌아보게 하고 내 안만 들여다보다가도 내 바깥을 바라다보게 한다. 환승의 불가피성이 숱한 역과 숱한 역을 이어주듯 숱한 나와 숱한 당신을 이어주는 것 역시 환승의 불가피성이다.

포구도시, 기장

기장의 기장다움. 무엇이 기장을 기장답게 할까. 무엇이 기장을 있어 보이게 할까. 관점마다 다르고 시점마다 다르겠지만 변방에 있어 기장은 기장답다. 부산 동쪽 끝의 변방, 한 도시의 끄트머리에 있기에 기장은 외연 확장에 유리했다. 무엇보다 부산 바깥의 도시와 접점을 이루면서 접점을 이룬 두 도시의 중심이 될 수 있었다. 변방이면서 중심은 기장의 특색이면서 기장의 덕목이다. 기장의 포구도 기장이 변방이면서 중심임을 웅변한다.

기장은 포구의 도시다. 부산 16개 구군 가운데 포구가 가장 많다. 어촌계를 기준으로 18곳이나 된다. 변방이면서 중심은 포구의 덕목이다. 육지 끄트머리이면서 육지와 바다의 중간에 자리잡은 포구. 이러한 특색과 미덕은 사람을 중심에 둔 인문학적 가치로 이어진다. 변방과 중심이 이이일(二而一)이라는 돈오돈수 내지 점오점수는 사람의 움츠러든 마음을 풍선처럼 부풀린다. 기장은 인문학에 가장 근접한 도시다.

1800년대 초에 제작한 「각읍지도」 속, 기장에 보이는 포구들. 예로부터 기장 9포로 불릴 만큼 기장은 포구가 많았다. 포구의 역, 바닷가 역이 기장역이다. ©국립중앙도서관

부산에서 단양 가는 기차가 기장역에 있다고 해서 인터넷 검색하니 '기장역-단양역' 인터넷 예매가 바로 뜨더라.

어느 블로거가 부산에서 단양 당일치기를 하기 전에 올린 글이다. 기장역의 또 다른 미덕은 주류에 편승하지 않았다는 것. 인문학의 미덕이기도 하다. 서울 공화국 경부선 노선을 줄곧 이용하다 보니 거기 경유지가 반강제적으로 주입된 부산 사람에게 기장역은 일종의 해방구다. 안동, 풍기, 단양, 제천, 원주, 청량리 같은 역은 듣기만 해도 몸과 마음이 느슨해진다. 첫눈 내리는 날 안동역에서 만나자는 약속도 해볼 만하다. 기장역에서 타면 에둘러서 가지 않아도 된다.

그럴 수만 있다면. 그럴 수만 있다면 둘러 가지 않고 환승하지 않고 제시간에 가닿는 게 가장 좋다. 경우의 수는 많지만 100퍼센트 충족이 안 되니 어디서는 둘러 가고 어디서는 환승한다. 그런 면에서 기장역은 두 박자를 갖췄다. 경부선은 둘러 가는 역을 기장역은 둘러 가지 않아도 되며 굳이 환승의 형식을 빌리지 않고서도 제시간에 가닿는다. 그럴 수 없어 먼 길을 둘러 가고 지하층과 1, 2층을 오르내리며 환승하는 역에 비하면 기장역은 얼마나 속이 깊은가. 얼마나 사람을 생각하는가.

내 기억의 기장역과 지금의 기장역은 확연히 다르다. 기억의 기장역은 세모고 지금의 기장역은 네모다. 이 글을 쓰면서 인터넷으로 검색한 옛날 세모 지붕 기장역은 철거되고, 훨씬 옆쪽으로 네모반듯한 건물이 섰다. 세모든 네모든 한 모 차인데 뭐 어떠랴 싶다. 내 서른하나혹은 서른둘의 기억이 스민 세모와 오늘 여기서 어제 저기로 가는 접점에 놓인 네모. 날이 지나고 달이 지나고 해가 지날수록 각은 늘어날 것이다. 세

기장역의 한국철도 100주년 기념 스탬프. 기장 특산품 미역과 세모꼴 기장역 건물을 내세웠다. 왼쪽 스탬프는 부산경남본부에서 제작했다가 동해선 복선전철화 이후 폐기된 후 철도동호인이 복원했다. ©나무위키

모에서 네모로 됐듯 여섯모, 여덟모, 열여섯모, 마침내 동글동글 둥글어졌으면 좋겠다.

아침이 좋은 도시, 기장. 언젠가는 부전역에서 동해선 새벽 첫 차로 기장에 가닿고 싶다. 아침이 얼마나 좋은지 보고 싶고 그 좋은 아침의 기운을 내 안쪽 깊숙이 끌어들이고 싶다. 기장역의 쭉 뻗은 네 갈래 기찻길보다 곱절은 길쭉하게 기장의 아침 햇살을 끌어들이고 싶다. 그럴 수만 있다면.

부산의 지역사와 환승

김한근

김한근 향토사학자

약 35년 전부터 우리 역사와 문화를 좋아하여 전국을 탐방했다.
1990년대 후반부터 부산의 역사에 미쳐서
근대 시기 부산과 경남지역의 옛 사진과 지도 등을 수집하여
향토사 분야를 연구하는 '부경근대사료연구소'를 운영 중이다.

환승은 원하는 목적지로 가기 위해 어떤 탈 것에서 다른 탈 것으로 바꾸어 타거나, 같은 탈 것이지만 다른 방향으로 가는 것으로 바꾸어 타는 것을 의미한다. 오늘날 도시에는 다양한 교통수단이 있다. 개인 자가용 외 대중교통 수단으로 버스, 택시, 지하철, 열차, 트램, 선박 등이 있다. 환승의 역사는 삼국시대 '역참'에서 조선시대 '역원'으로 이어진다. 근대 이후 철도와 관부연락선이 등장하면서 본격적인 근대 교통수단을 통한 환승의 역사가 시작되었다. 이 글에서는 부산의 역사 속에서 일어난 근대 교통의 환승 역사를 살펴보고자 한다.

부산은 1876년 근대 개항과 함께 우리나라 첫 개항장이 되면서 일본인들에 의해 근대 도시로서 꾸준히 성장해 왔다. 부산이 근대 도시로 변모하는 과정을 들여다보면 제국주의 일본의 치밀한 계산 속에서 출발했음을 알 수 있다. 1894년 우리나라에서 동학농민전쟁이 일어나자 일본은 동학농민들의 진압을 핑계로 무단으로 조선에 군대를 끌고 들어왔다. 이후 일본은 조선에 대한 지배권 확보를 위해 청나라와 전쟁을 일으킨 청일 전쟁에서 승리하면서 대륙을 정벌할 야욕을 품으면서 부산을 대륙 침략의 교두보로 삼았다. 이에 1901년부터 경부철도를 건설해서 1904년 완공했고 이듬해 1월 1일부터 공식으로 운행했다. 이렇게 일본은 1899년 9월 완공한 경인선에 이어 1902년부터 부산항 개발에 나서며 1905년 경부 철도로 조선의 내륙 운송 수단을 철도로 완성하는 과정에 나서기도 했다. 부산은 원래 배산임해(背山臨海)의 지형이어서 대규모 선박이 입항하여 물류를 상·하역 하는 데 많은 문제가 있었다. 하지만 일본과 최단 거리에 위치한 데다 영도가 천혜의 방파제 역할을 하고 있어서 바다를 제대로 매축하면 그들이 필요로 하는 훌륭한 항구도시로 개발이 가능한 곳이었다. 그래서 1902년부터 2차에 걸친 부산 북빈(北濱)매축공사 이후 1912년 쌍산착평공사 완공에 이어 1913년 현 제1부두를 준공하고, 1919년 제2부두, 1936년부터 해방까지 중앙부두 제3, 4부두 매축을 완공했다. 그 외 영도 대풍포 매축공사, 남항 매축공사, 부산진 매축공사, 적기만 매축공사 등 지속적인 바다 매축을 통해 그들이 원하던 대륙 침략의 교두보로서의 항만을 완공했다. 뿐만 아니라 경부철도 운행이 시작되던 1905년 9월부터 관부연락선도 취항했다. 그리고 그해 11월 5일 서울과 신의주를 잇는 경의선 철도공사도 완공했다. 관부연락선이라는 명칭은 일본 동경에서 시모노세키까지는 열차로, 시모노세키에서 선박을 이용하여 부산에 도착

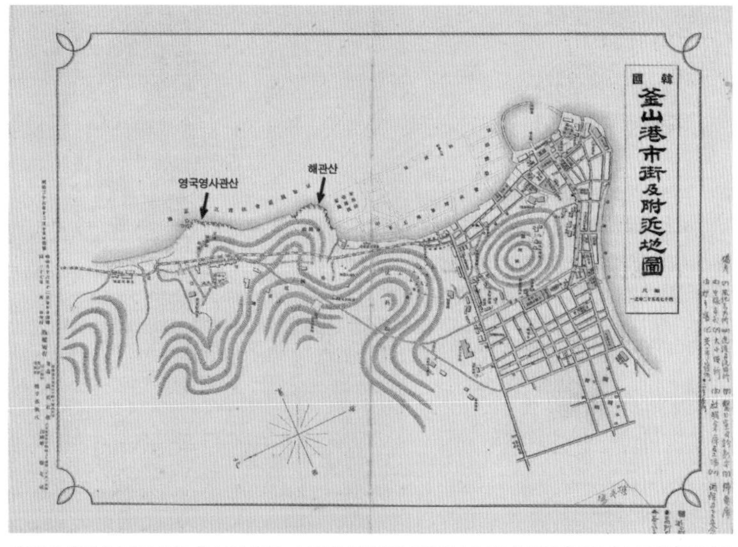

1903년 발행 「부산항 시가 및 부근 지도」. 보라색 점선으로 표기된 부분이 영선고개길로 오늘날 대청로에서 동광동주민센터를 거쳐 영주시장에 이르는 도로이다. 당시 부산항 지형은 해안으로 영국영사관산과 해관산, 두 산[쌍산]이 돌출되어 있어 용두산 방면에서 초량으로 연결되는 유일한 도로가 영선고개길이었다.

하면 여기서 다시 열차를 이용해 서울이나 만주로 갈 수 있기 때문에, 관부여객선이 아닌 관부연락선이라 부르는 것이다. 이로써 근대적 환승의 출발이 선박과 철도를 연계하여 부산에서 출발한 것으로 이해할 수 있다.

해방 이후 부산의 인구 증가와 도시 변화

일제에 의해 근대도시로 개발된 부산은 인구 22만여 명이었던 1938년에, 30년 뒤인 1960년대 중반 인구 40만을 대비하여 도시계획을 했다. 하지만 해방 이후 급격한 인구 증가와 더불어 한국전쟁으로 인한 피란민 유입, 그리고 1960~70년대 산업화 시기의 농·어촌 인구 유입으로 급격한 인구 팽창을 가져왔다. 이후 부산시역 변화에 대해 살펴보면 다음과 같다. 해방 직후 부산 인구는 28만 1천여 명이었으나 일부 귀환 동포들의 정착으로 1949년 47만여 명이 되었다. 이로써 1930년대에, 1960년대 중반 인구 40만에 대비한 도시계획이 무색한 상황이 되고 말았다. 여기에 한국전쟁으로 인한 피란 수도가 되어 인구가 급격히 늘어나면서 1951년 84만 4천여 명이 되고, 이후 1960년대 경공업의 발달과 함께 엄청난 인구 증가를 가져오면서 1968년 인구는 155만 2천여 명이었다. 이러한 부산의 인구 증가는 1963년 직할시로 승격되는 요인이 되었다. 경상남도 부산시에서 부산직할시로 명명되면서 당시 경상남도 동래군 구포읍, 북면, 사상면 전역 및 기장면 송정리가 부산직할시에 편입되었고, 면적은 373.23㎢로 확장했다. 행정구역 확장으로 인한 인구 증가가 전년 대비 90,005명이 증가하면서 대도시 특유의 기능체제를 갖추게 됐다.

이후 1978년 2월 제4차 행정구역 확장으로 김해군 대저읍, 가락면 북정리 외 3개리, 명지면 중리 외 5개리가 시역으로 편입되면서 면적은 432.32㎢로 늘어났다. 1989년 1월 제5차 행정구역 확장으로 경상남도 김해군 가락면과 녹산면 그리고 창원군 천가면(현 가덕도 일원) 등이 편입되면서 면적 525.95㎢로 거대도시의 면모를 보여주게 됐다. 2000년 1월 행정구역의 조정으로 김해시 일부(1.03㎢)를 강서구 녹산동에 편입했다. 이렇게 꾸준히 늘어난 부산 인구는 1995년 400만에 이르는 3,892,972명까지 되었다가 이후 점차 감소하면서 2023년 2월 현재 3,315,516명이 됐다.

부산의 인구 증가에 따른 도시 변화

한국전쟁으로 피란수도가 된 부산은 엄청난 피란민들의 유입과 함께 도시 기능이 마비될 정도로 무질서한 판자촌 집단 거주지가 도심의 산자락 곳곳에 형성됐다. 1950년대 중반부터 실시된 불량주거지 정비사업 차원에서 대대적인 정책 이주를 실시하였지만 불과 며칠 사이 상황은 예전과 같이 되돌아가곤 해서 별다른 성과를 올리지 못했다. 한편 1960년 5·16군사쿠데타 이후 현역 육군 준장 신분으로 1962년 4월 부산시장으로 부임한 김현옥 시장은 1963년 '새도시만들기' 3개년 계획에 이어 1966년 '신부산건설'의 기치를 내세우며 대대적인 부산 대개조에 착수했다. 우선 1962년 범곡교차로에서 암남동에 이르는 총 16km에 이르는 산복도로를 건설했다. 1936년부터 해방 시기까지 실시한 제3부두에서 제4부두에 이르는 매축공사 당시 마무리하지 못한 채 남아 있던 현 부산역 앞 일대의 거대한 물웅덩이를 이어 중앙동에 위치한 부산역을 초량 현 부산역 자리로 이전하는 공사를 하면서 주변을 상업과 사무 공간으로 개발하고 현 중앙대로를 따라 지나던 철로를 부두 방향으로 이전하는 사업도 실시했다. 간선도로 관련 사업으로는 문현교차로에서 수영교차로에 이르는 수영로 건설, 남천동 KBS삼거리에서 민락교에 이르는 광남로 건설, 충무동 사거리에서 부산대학병원 앞을 거쳐 구덕운동장에 이르는 구덕로 확장공사(일부 구간 신설) 등이 이루어졌다. 그리고 사상공업단지 개발을 비롯하여 연산교차로 건설 및 주변 사직동, 연산동, 구서동, 장전동 일대 도시계획과 더불어 택지개발을 실시했다. 또한 망미동, 광안동, 대연동 일대와 괴정동, 서동, 명륜동 일대, 그리고 덕천동 일대 택지개발도 실시했다. 1970~80년대에도 외곽지역에 대한 대대적인 택지개발과 공단건설이 이루어졌지만, 한국전쟁 시기에 피란수도로 지정되며 무질서했던 도심을 휴전 이후 10여 년만인 1960년대에 이렇게 도심과 외곽지역에 대한 개발로 대도시로서의 골격을 잡은 것이다. 1960년대 부산은 봉제와 고무산업을 주축으로 하는 경공업의 발달과 1970년대 중화학공업, 1980년대 전자, 자동차, 조선산업 등이 잇달아 발달했다. 이러한 공업화는 마침내 농·어촌 지역 젊은이들이 부산으로 많이 유입되면서 산복도로 판자촌은 절정을 이루게 되었다. 하지만 당시 시 외곽지역에 대한 공단과 택지개발로 인해 도심 인구의 분산 효과를 낳았으며, 도시 균형 발전에도 한몫했고 마침내 1980년대 초부터 부산도시철도 건설에 이르게 된 것이다.

부산의 도시변화는 초기 남북으로 길게 뻗은 형상이었지만 지금은 그 영역이 동서남북으로 크게 팽창되어 있다. 이러한 도시 특성상 자가용이 아닌 일반 대중교통으로는 한 가지 교통수단으로 목적한 곳까지 바로 갈 수 있는 경우가 드물다. 그러다 보니 출발점에서는 버스에 탑승했다가 도중에 내려 다른 버스를 이용하거나 혹은 지하철로 바꾸어 타기도 한다. 더욱이 한 번의 환승으로 목적한 곳까지 가지 못하면 다시 내려서 다른 버스나 지하철 등을 이용하기도 한다. 이렇게 환승을 통해야만 목적지에 도달하는 경우가 많다 보니 환승에 따른 혜택을 주고 있다. 다른 대도시와 마찬가지로 대중교통 이용의 활성화를 위해 추가 2회까지 최소 비용으로 환승을 할 수 있도록 하고 있다. 이러한 대중교통 간의 적은 비용의 환승 정책은 대중교통 활성화를 유도하는 데 도움이 될 뿐 아니라 환승을 통해 목적지까지 이동하는 시민들에게 많은 도움을 주고 있다.

가끔 부산에서 대중교통 환승이 가장 활발한 곳은 어디일까 하는 생각이 들 때가 있다. 필자는 시내 곳곳을 자주 다니지 않는 데다 정확한 통계를 보지 않아 잘 알 수는 없지만 아마 서면, 연산동, 덕천동, 동래, 남포동, 하단 등이 손꼽히지 않을까 생각된다. 이들 지역은 버스뿐 아니라 도시철도와도 연계된 지역인 데다, 두 교통 수단 모두 다른 지역 노선과 연계가 쉽고 주변 상권이 발달해 있어 사람들의 이동이 매우 빈번하기 때문이다. 게다가 오늘날 원도심 외곽지역의 주거지 개발이 매우 많이 되어 있어, 이들 지역이 다른 외곽지역으로 이동하는 중심에 위치하고 있기 때문이기도 하다.

역사로 보는 환승

중세시대의 환승역, 역참(驛站)

환승이라는 말은 근대 이후 도시화와 더불어 대중교통의 발달에 따라 탄생한 표현이지만 중세시대에도 환승 개념이 있었다. 역사적으로 살펴보면 전통적인 '역'의 개념은 이미 우리나라 삼국시대에 도입되어 전국 곳곳에 설치되어 있었다. 다만 구체적인 위치나 역참의 목록 같은 것이 따로 남아 있지 않아 당시의 상황을 정확하게 이해하기는 어렵다. 하지만 전국 도시나 주변국으로 이어지는 주요 교통로에 역참이 있어서 여행자의 편의를 도왔을 것으로 추정하고 있다. 당시 역참에는 군사적 거점지역 몇몇에 국지적으로 설치되었는데, 숙박이나 편의시설보다는 파발을 위한 '참'으로서의 기능이 강했다고 한다. 이후 고려시대에는 전국에 22개의 길과 525개의 역이 있어 삼국시대와 달리 전국적으로 확대된 것을 알 수 있는데 이를 역참(驛站)이라 불렀다. 역참은 국가의 명령이나 공문서를 전달하는 관리들(혹은 군인)에게 말과 숙소, 그리고 식사를 제공했다. 더욱이 역참은 외국 사신을 맞아 접대하는 일을 위하여 마련된 교통·통신 기관으로, 지방의 공적 업무를 대행하던 장소였다. 고려시대 역참의 특징 가운데 하나는 사찰이 역참의 역할을 했다는 것이다. 고려 정권이 불교와 밀접한 관계 속에서 탄생한 이유도 있겠지만 당시 사찰들 가운데 어느 정도 자급자족이 가능하고 도적이나 맹수로부터 자체 방어가 가능한 수준의 상주 인원과 안전한 쉼터를 구비하고 있는 곳이 선택되었을 것으로 보고 있다.

조선시대에 들어 기존 역원 대부분이 사찰에서 운영하던 것에서 모두 나라에서 운영하는 국영 시설로 바뀌면서 역마다 책임자인 종6품 찰방(察訪)을 임명했다. 고려의 제도를 토대로 정비된 조선의 역참제도는 임진왜란을 전후하여 기능이 마비되었다. 이후 군사 통신수단으로 파발제가 도입되어 역의 통신기능 일부를 대체했다. 파발제의 도입은 1597년(선조 30년) 정유재란 때 김응남, 한준겸 등이, 기능이 유명무실화된 봉수제를 대신해 중국의 파발제를 도입하고자 건의하면서 비롯되었다. 파발제는 조선 후기에 접어들면서 비슷한 역할을 하던 원(院)을 점차 흡수하여 구한말 우체사가 설치될 때까지 유지하였다. 임진왜란 이후 한반도 각 지역의 도로는 군사적인 목적이 강해, 조선시대 역은 지금의 국방부 격인 병조에서 관리하였다.

조선시대 역은 비슷한 역할을 했던 원(院)과 합쳐 역원(驛院)이라고 불렀고, 중국에서 역을 주로 부르는 표현인 참(站)과 합쳐 역참(驛站)이라 부르기도 했다. '역'은 원래는 '말을 키우고 관리하면서 사람과 말이 쉴 수 있는 숙박시설'을 가리키는 말이었다. 역의 등급, 형태, 위치, 기능 등에 따라서 다양한 역의 분류가 있지만 그중에서도 가장 중요하고 공통적인 개념은 지친 말을 바꿔 탄다는 것이다.

조선 후기 부산에도 역이 있었다. 금정구 하정마을의 소산역과 동래읍성 남쪽의 휴산역이 그곳이다. 역의 책임자는 중앙 직속의 찰방(종6품)으로 위세가 대단했다고 한다. 이들은 암행어사가 뜨면 보필했고 지역 군수의 치정을 감시하기도 했다.

오늘날 철도나 지하철에 사용하는 '역(驛)'이라는 용어가 과거 역참에서 따온 말인 것이다. 참고로 역참의 '참'은 파발꾼용 시설을 이르는 말로 현재 우리나라에서는 사용되지 않지만, 중화권에서 철도역과 시외버스 터미널, 시내버스 정류소를 가리키는 용어로 정착되었다.

근대 개항후 환승 1번지가 된 부산항

1876년 체결된 강화도조약 이후 부산항이 근대 개항되면서 일본의 화물선과 우편선 등이 부산항을 부지런히 들락거렸다. 이들 화물선과 우편선을 통해 우리나라로 들어온 많은 외국인 선교사들은 부산항에서 다른 선박을 이용하거나 혹은 노새나 말을 타고 서울 등지로 떠나곤 했다. 1901년부터 시작된 경부선 철도공사는 마침내 1904년 11월 10일 완공되어 이듬해인 1905년 1월 1일부터 운행을 시작했다. 뿐만 아니라 그해 9월 일본 시모노세키와 부산항을 오가는 관부연락선이 취항하면서, 관부연락선과 연계한 철도는 비록 서로 다른 대중교통이지만 이종 교통수단간 환승이 본격적으로 시작되었다. 관부연락선 취항 초기에는 임시 잔교를 통해 현 초량삼거리에 위치한 초량역으로 이동해서 열차에 승차할 수 있었지만 1910년 현 중앙동 교보생명 건물 주변에 부산역이 완공되면서 관부연락선 하선지점 인근에서 열차를 탈 수 있었다. 그러다 1912년 지금의 제1부두 자리에 제1잔교가 조성되고 이듬해 잔교 위 건물 설비가 완공되면서 관부연락선 터미널이 제1잔교로 이전하고 이곳에 경부선 잔교역도 설비되었다. 이때부터 관부연락선을 타고 부산항 제1잔교 부두(현 제1부두)에 하선한 승객들은 잔교역을 통해 경성(서울)을 비롯한 경부선 열차역이 있는 곳까지 곧바로 갈 수 있었다. 이런 역사적 맥락에서 보면 비록 교통수단은 다를지라도 1913년 지금의 제1부두에 위치한 잔교역을 우리나라 최초의 환승역이라 할 수 있다.

관부연락선과 경부선 철도와의 환승은 서로 다른 교통수단 간 환승이지만 부산에서 동일 교통수단 간 환승역사는 전차가 등장하면서부터이다. 전차는 근대 시기 도시교통 수단인 노면전차에서 출발했다. 노면전차는 1881년 독일 베를린에서 출발하여 동양에서는 1894년 일본 교토에 처음 등장했다. 전차는 전기의 힘으로 움직이기 때문에 전기 도입의 역사와 그 궤를 함께한다. 우리나라에 전기가 처음 도입된 것은 1887년 3월 경복궁(景福宮) 내 건청궁에서 점등식을 거행한 것이 그 시초이다. 그 후 전차가 처음 등장한 것은 1898년 1월 한성전기회사가 전차와 전등, 그리고 전화설비의 운영권을 농공상부에 신청하여 동년 1월 26일 자로 허가를 받으면서 시작되었다. 당시 한성전기회사는 전차시설 설치에 대한 경험과 기술이 전혀 없었기에 1998년 2월 1일 자로 미국인 콜브란과 전기철도 건설 및 설치에 대한 계약을 맺고 출발했다. 이후 1899년 광무(光武 3) 5월 17일 동대문과 흥화문 사이에서 성대한 개통식을 가지면서 대중교통의 새로운 전기를 마련했다. 이후 시험운행을 마친 뒤 본격적인 이용은 5월 20일에 시작했다. 서울지역 전차운행은 서울의 동대문을 기점으로 종로까지 1구간, 종로에서 서대문까지 2구간, 동대문에서 청량리까지 3구간으로 나누어 9대의 전차가 장안 한복판을 가로질러 운행하게 됨으로써 온 서울의 백성들에게 특별한 구경거리와 더불어 인기를 독차지하였다.

한편 부산에 처음 전기가 도입된 것은 1901년 현 롯데백화점 광복점 자리에 부산전등주식회사(釜山電燈株式會社)가 설립되어 1902년부터 광복동 거리에 가로등을 밝히면서부터였다. 이렇게 부산에서도 전기를 생산·공급하는 회사가 설립되면서 노면전차가 운행될 수 있는 준비가 된 것이다. 그런데 부산에 전차노선이 계획된 것은 1897년 광무 원년으로 소급된다. 이미 1896년 3월 미국인 '몰리서'가 경인철도부설권을 얻어내자 부산에서도 일본인 4명이 중심이 되어 부산경편궤도주식회사(釜山輕便軌道株式會社)의 설립을 발기하고 당시 부산의 일본 영사에게 그 인가원을 내었다. 그리고 부산-동래간의 경편궤도(輕便軌道) 부설을 출원하였다. 이에 조정(朝政)에서는 내부대신(內部大臣)이 1909년(隆熙 3) 6월 29일 자로 부산진(釜山鎭)[1]-동래(東萊) 간의 경편궤도 운수의 개시를 인가함으로써 11월 말 부산진-동래 남문간 공사를 준공했다. 12월 2일부터 운행을 개시함으로써 부산 전차운행의 시초가 됐다. 또한 동래 남문-온천장 간 선로 연장 공사를 해서 12월 18일에 준공했고, 12월 19일 운수 영업을 시작했다. 당시 연장된 온천장역은 동래온천 안쪽이 아닌 온천천 건너편이었다. 이 전차는 처음에 경편철도(輕便鐵道)라는 이름으로 불렸다. 이 경편철도(輕便鐵道)는 증기철도로 선로의 폭이 76㎝의 협궤(狹軌)인데다 마치 성냥갑과 같은 작은 크기의 동차가 덜컹거림도 심하여 마치 전기로 가는 인력거 수준이라는 표현을 하기도 했었다. 게다가 당시 유명세를 지닌 온천장이라는 관광위락지 노선이

1) 당시 철도와 전차 부산진역은 현 동구 범일동 현대백화점 뒤에 위치했다.

었지만 이용객이 너무 적어 고전을 면치 못하였다. 그러자 1911년 10월 부산경편궤도주식회사(釜山輕便軌道株式會社)를 조선전기와사주식회사(朝鮮電氣瓦斯株式會社)에서 인수했다. 당시 조선전기와사주식회사(朝鮮電氣瓦斯株式會社)의 사업은 가스사업의 개시, 전등의 확장, 그리고 전차궤도의 부설이었다. 그 후 전차는 부산진-초량, 초량-부산우편국[2] 앞 노선이 부설되고, 부산진-동래 간의 경편궤도를 개량하여 폭을 넓혔다. 초기에는 경편철도용의 증기기관차와 노면전차가 병행 운행되었으나, 1916년 3월부터는 전차로 완전히 교체 운행했다.

한편 전차의 시내노선 운행은 1915년 10월 28일 부산진-초량 간, 10월 29일 초량-부산우편국 간 철로검사와 시운전을 시행하고, 10월 31일에는 부산진-동래 사이 전차 노선이 지금의 중앙동에 있던 옛 부산역[3] 인근에 위치한 부산우편국 앞에서 동래 온천장까지 연장했다. 이로써 1915년 11월 1일부터 본격적인 도심을 관통하는 전차시대가 열렸다. 부산역 앞~동래 온천장 사이의 전차 노선은 부산역 앞-부산진, 부산진-부산진 입구, 부산진 입구-신좌수영(新左水營), 신좌수영-남문(南門), 남문-동래 온천장의 5구간으로 나누어져 1구간에 5전씩의 운임을 받았다.당시 자장면 1그릇 값에 3전 하던 시기였으니 전차 운임이 꽤 비싼 편이었다.

2) 부산우편국은 1910년 현 부산우체국 바로 뒤 블록에 건립되었다. 이 건물은 1953년 11월 27일 밤 발생한 일명 '역전대화재'로 소실되어 신창동 저금관리국으로 이전하여 업무를 보다가 1959년 10월 22일 과거 위치했던 자리에서 중앙대로 방면으로 한 블럭 이동한 중앙동 3가 현 청사 위치에 건물을 신축하여 이전했다. 현 부산우체국 건물은 1989년 3월 6일 신축한 건물이다. 1915년 부산우체국 전차 정류장은 당시 건물로서는 우편국 앞이었지만 그 위치는 현 부산우체국 청사 뒷길인 해관로에 위치했다.

3) 당시 부산역은 현 중구 중앙동 교보생명보험 건물 자리에 위치하고 있어서, 전차 정류장은 현 부산은행 중앙동금융센터 앞에 위치했다.

1905년 경부철도 기·종점역인 초량 정차장과 초량역을 출발하는 열차 모습

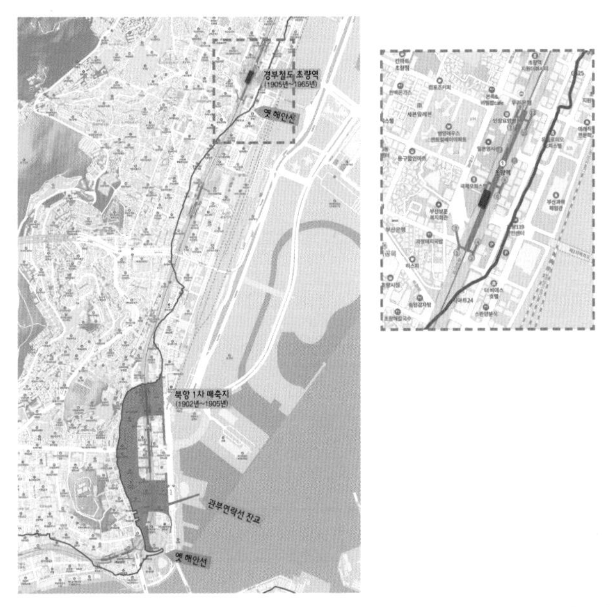

1902~1905년 부산 북항 제1기매축공사 후 부산항과 초량역(청색선은 당시 해안선을 표시한 것이며, 옅은 갈색 부분은 북항제1기매축공사 부분)

부산의 대중교통, 노면전차의 등장

1916년 9월 22일 부산역 앞-부산우편국-보수동 사거리-부평동시장 앞-부성교(富城橋)-남선전기(南鮮電氣)[4]를 오가는 대청정선(대청동선)전차 노선이 개통됐다. 당시 전차요금은 1회에 5전이고, 시외요금구간 1회에 4전씩으로 하되 부산-초량, 초량-부산진을 각각 한 구간으로 하였다. 이어서 1917년 12월 19일 대청동선을 장수통선(광복로선)과 연계한 부산우편국에서 대청로를 거쳐 부평시장 앞, 부성교, 광복로를 거쳐 부산우편국으로 연계되는 노선이 개통됐다. 이로써 당시 부산에서 가장 많은 상점이 몰려있던 번화가인 장수통(長水通)[5]이 더욱 번창해 나가는 구실이 되는 시내 순환선이 완공된 것이다. 이 시점에 부산의 전차는 19.5km의 영업거리를 갖추게 되었으며, 부산의 전차 사업 최전성기였다고 전해진다.

이때까지의 전차 노선은 모두 단선(單線)이었던 것이 1924년 4월 1일에 진주(晉州)에 있던 경상남도 청사가 부산에 옮겨진 것을 계기로 부산역 앞-부산진 3.2km의 구간을 복선화하여 1924년 9월 말 준공하고, 차량 증편, 전차선 개수 등의 사업을 진행하며, 보수동 2가에서 경남도청 앞을 거쳐 나카지마마치(中島町; 현재의 부민동)에 이르는 단선을 연장했다.

지금의 구덕 공설운동장인 부산 공설운동장까지 전차 노선이 연장

4) 당시 남선전기는 현 서구 토성동 한국전력남부산건설본부에 위치했다.

5) 일제시기 광복로를 장수통이라 이름했다.

된 것은 1928년 9월의 일이었다. 1931년 10월에는 전 궤도를 3척 6촌의 표준궤도로 개량하고 1934년 9월에는 부평동 시장통의 선로를 폐지하고 간선도로에 복선을 부설했다. 따라서 중앙동, 광복동선과 대청동선의 양선을 제외한 부산진-운동장 간의 선로가 복선이 됐다. 1934년 11월 23일 영도대교(影島大橋)가 개통되자 그 이듬해인 1935년 2월 중앙동에서 분기한 전차노선이 영도 남항동 시장까지 개설되어 교통의 불편을 겪었던 영도 사람들에게 큰 도움을 주었다. 이때 전차선로 영업 거리는 총 21.717㎞가 되었다. 1939년 광복동선을 폐지하고 남포동 현 구덕로로 노선을 변경했다. 한편 1937년 전기사업의 합리화를 위한 합병 움직임이 발생하면서 조선와사전기는 남선합동전기주식회사로, 이후 해방 후에는 남선전기주식회사로 개편되었다.

1909년 12월 18일 동래 온천 전차역 개통식

1930년대 동래 온천장 전차정류장

해방 후 골칫덩이가 된 대중교통, 노면전차

해방 직전 남선합동전기(주)가 보유하였던 부산의 전차 61대가 우리 손에 넘어올 때 그 가운데 운행할 수 있는 전차는 고작 38대에 불과했다. 또한 노후 차량의 빈번한 고장으로 광복 이듬해에는 13대로 줄고, 그다음 해에는 8대로 줄어들었다. 따라서 부산의 전차사업은 최대의 경영난을 겪어야 했다. 1951년 부산 인구는 84만 명으로 1944년의 45만 명에 비하면 거의 2배에 가까운 인구 팽창이었다. 당시 정부에서는 교통난 해결책으로 미국산 전차를 도입하기로 하고 1952년 6월 19일, 40대를 들여와서 경성전기와 20대씩 배정받았다. 도입차는 대형이어서 부산시가를 달리는 데 무리가 있었고, 시내버스나 자동차와의 접촉사고가 빈번하여 전차 파손 등 말썽이 끊이질 않았다. 더욱이 미국산 기종은 제작된 지 30년이나 되는 노후 기종이어서 수년 만에 폐차시키고 말았다. 1956년 6월부터 이듬해 7월까지 6차에 걸쳐 원조를 통해 새 전차 19대를 도입함으로써 보유 차량 95대에 운행차량 45대라는, 어느 정도 대중적 교통수단으로써의 역할을 할 수 있게 됐다. 그러나 30여 년을 사용한 전차 궤도와 그 밖의 부대 시설의 노후화로 막대한 보수비가 소요되어 수지 균형이 어려운 데다 적자 규모가 나날이 누적되어 갔다. 한국전쟁 발발 이후 부산 인구가 급속히 늘어나고, 이 와중에 시내버스 사업이 급격히 팽창하였으나, 전차의 경우 노후화와 느린 속도로 인해 이러한 수요 증가를 따라가지 못하게 되었다.

1961년 전기 3사 통합으로 인해 한국전력 주식회사의 운영으로 통합되었으나, 전차 사업의 어려움은 계속되었다. 1960년대 통합 직후에 신차의 도입(1963년 2대 등), 노선의 보수공사 실시, 서면-신좌수영 간의 궤도 복선화(1963년) 등이 실시되기도 했으나, 이러한 움직임에도 사업성의 개선은 달성하지 못했다. 결국 서울의 전차 사업 이관과 폐지 추진 과정을 따라서 부산의 전차 역시 부산시 측에 이관하려는 움직임이 있었다. 그러나 서울과 달리 아예 협의 자체를 못해 무산되자 한전의 51차 이사회 결의에 따라 궤도사업을 폐지하게 됐다.

이로써 1909년 12월 2일 부산진(현 범곡교차로 옆)에서 동래 남문 간 증기기관차 영업을 개시하여 1915년 11월 1일 부산진~부산우편국 간 전차 사업이 본격적으로 시작된 이후 약 53년간 부산시민의 발이 되었던 전차는 1968년 5월 19일 운행을 마지막으로 폐지됐다.

1952년 부산우체국 앞 전차 충돌사고

1953년 남포동 구덕로를 달리는 전차

부산 전차 노선의 변화

1909년 부산진에서 동래 남문 간 증기기관차로 시작된 부산의 전차 운행은 부산의 도시 변화에 따라 노선 변경이 매우 잦았다. 먼저 전차의 최초 출발지였던 부산진은 지금의 수정동 옛 부산진역 일대가 아닌 범일동 현대백화점 뒤편이었다. 일제강점기 부산의 전차 노선은 부산항 매축과 공공 시설들의 이전과 맞물려 노선 변화가 있었다. 먼저 부산항 매축과 관련된 내용을 살펴보면 1915년 부산진에서 현 부산우체국 뒤까지 전차의 시내 노선이 운영된 것은 1909년부터 1912년 동안 현 대청동에서 영주사거리에 이르는 구간의 쌍산착평공사가 끝난 뒤 비로소 대청로에서 초량 간 연결되는 간선도로가 생겨났기 때문이었다. 1905년 경부선 철도 개통 당시 부산의 경부선 시·종점역이 초량역이었던 것도 그 때문이었다.

그리고 전차의 첫 출발지가 지금의 현대백화점 뒤편이었기에 전차 선로도 현대백화점 뒤로 이어지는 현 범일일길이 노선이었다. 그리고 현 수정시장을 관통하여 고관길로 이어졌다. 범일일길 노선은 부산진 제1차 매축공사 이후 약간 변형되었다가 1924년 9월 말 부산역 앞~부산지역 간 전차 궤도를 복선화하면서 현 중앙대로를 따라 노선이 변경되어 고관길로 이어졌다. 이후 전차 노선은 1924년 경남도청 이전, 1926년 온천교 준공, 1928년 구덕운동장 조성, 1932년 남항매축공사 준공, 1934년 영도대교 준공, 1936년 부산시립병원 및 부산부청 신축 이전 등 부산의 도심 변화에 따른 노선변화도 여러 번 있었다.

해방 후 1960년대 부산 전차는 서면을 기점으로 하는 3개 노선으로, 서면-공설운동, 서면-영도 남항동, 서면-동래온천장 노선으로 운행했다. 부산우편국에서 재판소 앞까지 운행하던 대청동선은 1953년경 폐선되었다. 1960년대 부산의 전차 환승은 서면역과 부산시청역이었다.

1909년부터 1968년 5월 19일 마지막 운행까지 53년간 부산의 대중교통 수단으로 큰 역할을 했으나 지금은 역사의 뒤안길로 사라진 부산 전차. 부산의 도시변천 과정과 함께한 전차 노선변화를 시대별로 정리해 살펴본다.

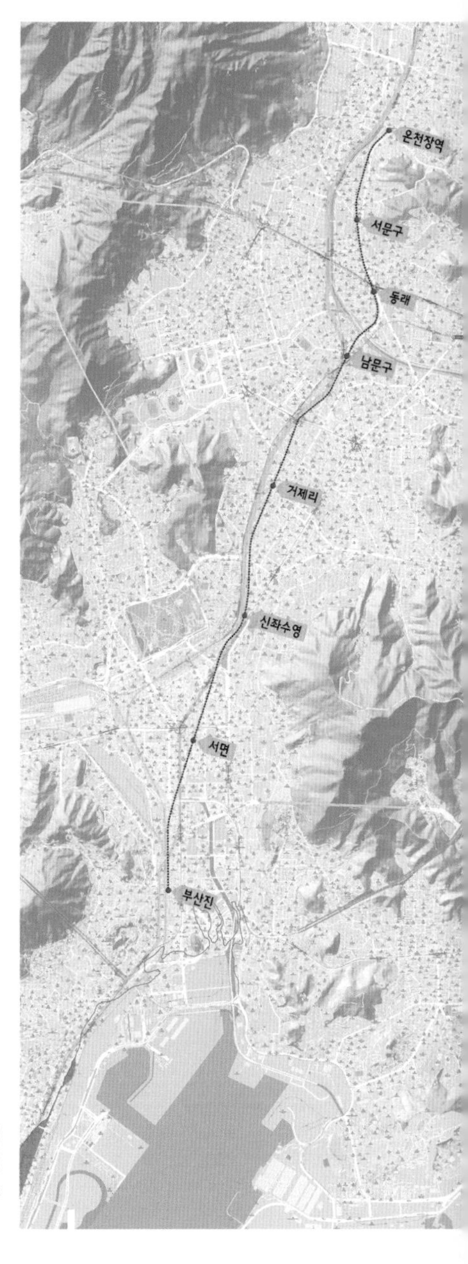

1909년 12월 19일 전차운행 노선. 동래 온천장에서 온천천 건너편인 동래구 명륜동 성산요양병원 일대 온천장역에서 현 동구 범일동 현대백화점 뒤편에 위치했던 부산진역 간 전차노선이다.

1909년 12월 19일 범일동에 위치했던 부산진역

1909년 12월 19일 온천장역에서 남문구간 전차 선로

1909년 12월 19일 신좌수영역에서 서면간 전차 선로

1915년 10월 31일 부산 원도심지역 전차운행 노선. 옅은 갈색 부분이 1909년부터 1912년 사이 시행된 쌍산착평공사 이후 평지로 이루어진 곳이며, 청색 부분은 1909년부터 1912년 사이 매축된 부산항 어항정비공사 및 세관설비공사로 부두가 된 부분이다. 전차 노선이 원도심 방면으로 이어진 것은 쌍산착평공사 이후 간선도로와 철로, 전차 선로 등이 확보되었기 때문

1915년 10월 31일 원도심지역 전차운행 노선 중 부산진역 부분. 철도 부산진역과 전차 부산진역 둘 다 범곡교차로와 현 범일동 현대백화점 사이에 위치하고 있었다(청색선은 당시 해안선 표시).

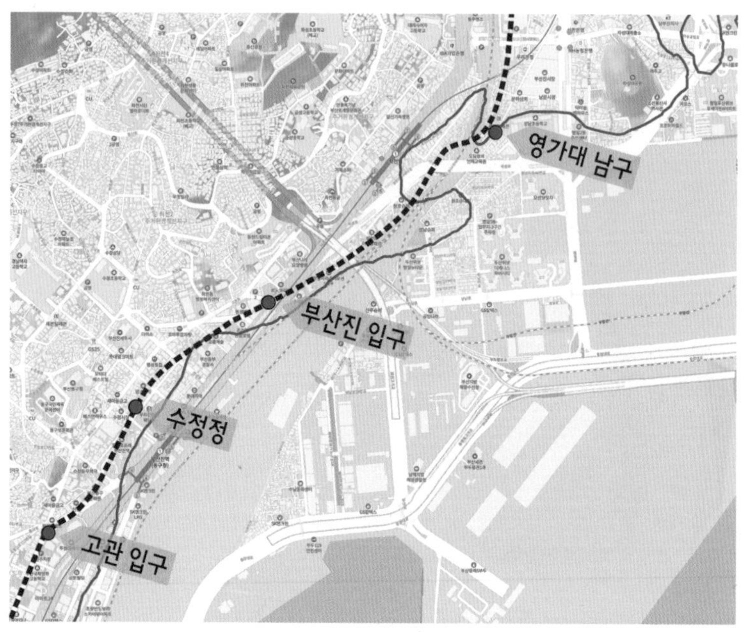

1915년 10월 31일 원도심지역 전차운행 노선 중 수정동 부분. 수정동 봉생병원 동쪽에서 동부경찰서 뒤편을 거쳐 수정시장 일대를 관통하여 윤흥신 장군 동상 북쪽으로 나와 고관로를 따라 이어진 노선이었다.

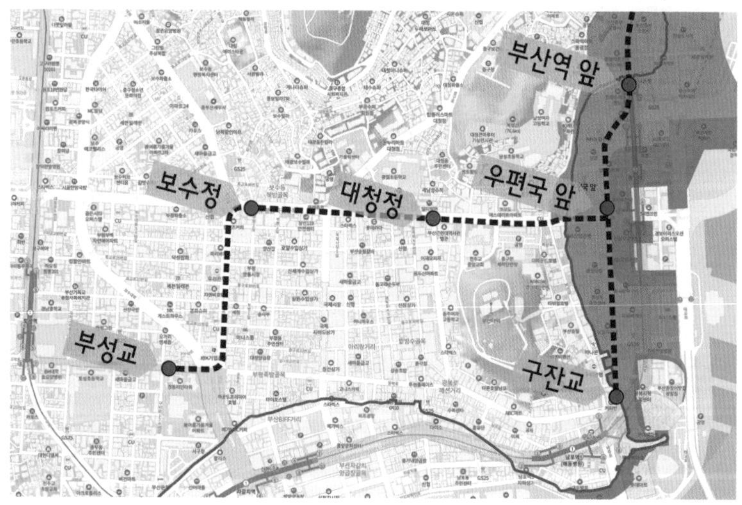

1916년 9월 31일 원도심지역 전차운행 노선 중 대청동 부분. 부산우편국에서 대청로를 거쳐 현 보수사거리에서 부평시장 앞을 거쳐 조선와사전기(주) 앞으로 연장되고, 또한 부산우편국에서 현 부산데파트 뒤로 이어지는 노선이 조성됐다.

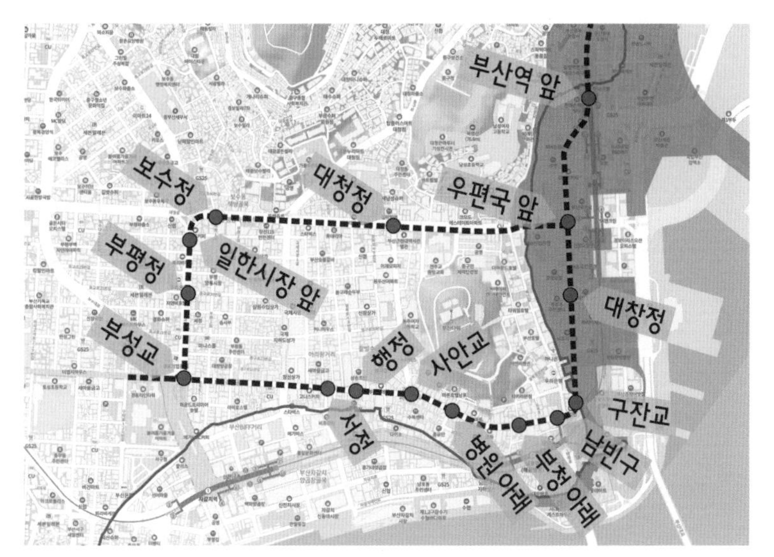

1917년 12월 원도심지역 전차운행 노선 중 광복동 부분. 조선와사전기(주) 앞에서 부성교를 거쳐 광복로로 이어지면서 부산데파트 뒤 구 잔교역 노선과 연결되면서 도심 중심부를 관통하는 노선이 완성됐다.

1925년 9월 원도심지역 전차운행 노선 중 수정동 부분. 그동안 수정동 봉생병원 동쪽에서 동부경찰서 뒤편을 거쳐 수정시장 일대를 관통하여 윤흥신 장군 동상 북쪽으로 나와 고관로를 따라 이어진 노선이 현 중앙대로 방면으로 선로를 이전했다(옅은 갈색 부분은 1917년 완공된 부산진 제1차 매축 공사 부분).

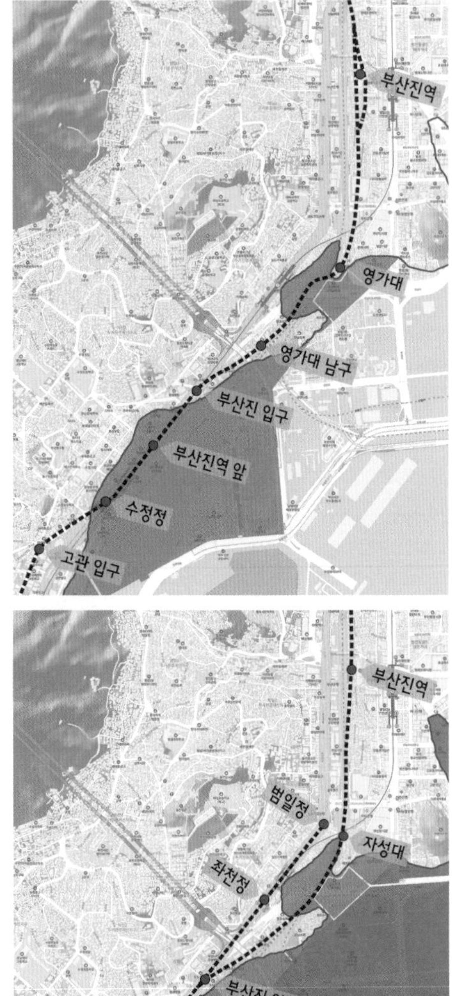

1928년(위쪽)과 1933년(아래쪽) 전차 노선의 범일동 부분. 왼쪽 아래 부산진 입구에서 범일정 방면 전차 노선이 신설된 것과 지금의 현대백화점 범일점 뒷길의 전차선로도 바뀐 것을 볼 수 있다. 영가대 남구와 영가대 전차역이 사라지고 자성대 역이 신설되었으며, 부산진역의 위치도 바뀐 것을 알 수 있다.

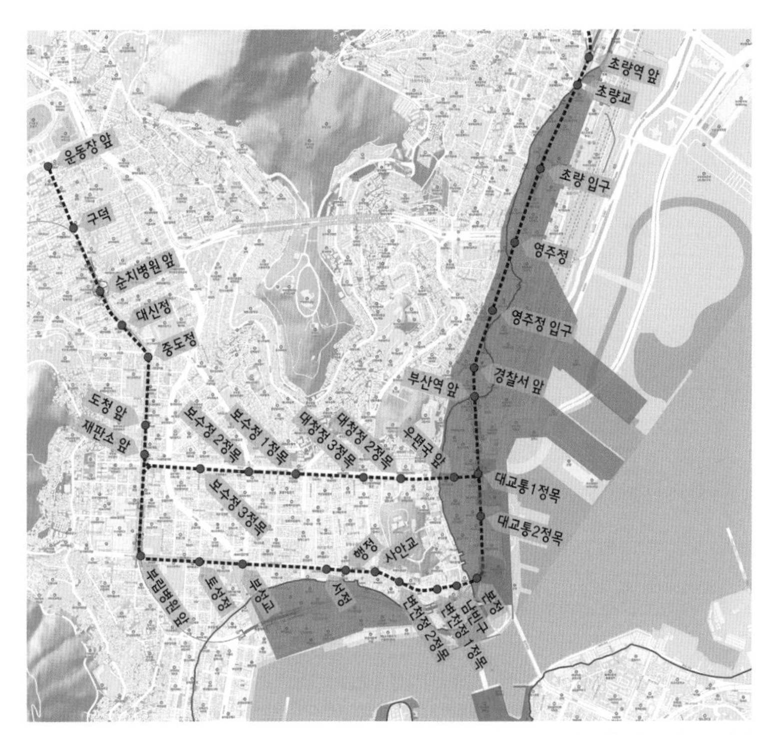

1934년 11월 원도심지역 전차운행 노선 중 서구와 중구 일대. 1916년 지금의 대청동을 경유하여 보수사거리에서 부평동을 거쳐 토성동 한전(당시 조선와사주식회사)까지 운행하는 노선이 변경되었다. 당시 광복동 옛 로얄호텔 자리의 부산부립병원을 지금의 부산대학병원 자리로 이전(1936년) 계획과 더불어 토성동, 아미동 지역의 인구 증가에 따른 것 등으로 추정된다. 즉, 1924년 경상남도 도청이 진주에서 부산으로 이전해 오면서 대청동 선이 부용동까지 연장되었는데, 1936년 부산부립병원을 지금의 부산대학병원으로 이전하는 계획에 맞물려 1934년 7월 보수사거리에서 부평동 부평정시장 앞으로 연결되던 노선이 사라지고 부평사거리에서 현 부산대학병원 앞을 거쳐 법원 앞에서 연결되는 노선으로 변경되면서 선로도 복선으로 개량되었다. 게다가 1932년부터 시작된 영도대교 가설공사 당시 중앙동 옛 어항을 매축하면서 지금의 중앙대로가 완성되었다. 이에 현 중부경찰서 앞에서 부산데파트 뒷길로 운행되던 전차 노선을 현 중앙대로 방향으로 옮겼다.

1962년 부산지역 전차운행 노선 전체. 해방 후 1960년대 부산 전차는 서면을 기점으로 하는 3개 노선으로, 서면-공설운동, 서면-영도남항동, 서면-동래온천장 노선으로 운행했다.

부산문화재단 사람 · 기술 · 문화총서 ⑩
경계를 넘다 사람을 잇다 부산의 환승역

초판 1쇄 발행 2023년 12월 20일
발행처 부산문화재단
48543 부산광역시 남구 우암로 84-1 (감만동)
T. 051-744-7707 F. 051-744-7708 www.bscf.or.kr
발행인 이미연
글쓴이 김종희 김한근 동길산 박진명 신미영 신지은 오광수 이순욱 이지훈 전성욱 지숙희
편집위원 김종희 김한근 동길산 신지은 이순욱 이지훈
책임편집 박소윤 김정
기획 박성관 김지혜 강보현
제작 및 유통 (주)호밀밭
출판등록 2008년 11월 12일 (제338-2008-6호)
부산광역시 수영구 연수로 357번길 17-8
T. 051-751-8001 F. 0505-510-4675 homilbooks.com

※ 가격은 뒤표지에 표시되어 있습니다.